整理大脑

静 日 编著

江西美术出版社
全国百佳出版单位

图书在版编目（CIP）数据

整理大脑 / 静日编著 . -- 南昌 : 江西美术出版社 ,
2021.5
ISBN 978-7-5480-7862-3

Ⅰ . ①整… Ⅱ . ①静… Ⅲ . ①工作方法 Ⅳ .
① B026

中国版本图书馆 CIP 数据核字（2020）第 226397 号

出 品 人：周建森
企　　划：北京江美长风文化传播有限公司
策　　划：侯海博
责任编辑：楚天顺　朱鲁巍　　策划编辑：朱鲁巍
责任印制：谭　勋　　　　　　封面设计：冬　凡

整理大脑
ZHENGLI DANAO　　　　　静　日　编著

出　　版：江西美术出版社
地　　址：江西省南昌市子安路 66 号
网　　址：www.jxfinearts.com
电子信箱：jxms163@163.com
电　　话：010-82093785　0791-86566274
发　　行：010-88893001
邮　　编：330025
经　　销：全国新华书店
印　　刷：三河市铭浩彩色印装有限公司
版　　次：2021年5月第1版
印　　次：2021年5月第1次印刷
开　　本：880mm×1230mm　1/32
印　　张：8
ISBN 978-7-5480-7862-3
定　　价：36.00元

序　言

对于健康，我们通常更关注头部以下的身体，觉得只要头部不磕碰、没受伤，它就是"健康"的！但是关于大脑本身怎样运行才会使人拥有最佳状态，以及它又是如何影响着我们的言行，波及我们的正常生活这样的问题却鲜少问及。

要知道，大脑掌控着我们的每个微小动作与思维。同样，我们的每个动作与想法也都左右着大脑的发展及工作模式。

同样年龄的老人，一位思维敏捷，记忆力强健；而另一位却丢三落四，成了名副其实的"老糊涂"，表面上，他们之间最大的行为差异不过就是个阅读习惯。但是在看不见的大脑内部，却因负责记忆的海马区是否有更多机会处理阅读信息，进而影响了其神经组织的多寡而最终决定了两位老人的记忆力背道而驰。

两个同样受挫而不开心的人，一位坐在屋中生闷气，直至因抑郁久积而生病；而另一位则主动去到户外，跑步、打球、与人交流……之后，走出去的人很快再次变得阳光而积极。他说，知道运动起来的身体会释放能让大脑兴奋起来的多巴胺和肾上腺素等物质，所以，他便用这个方法来调整自己的不良情绪。

现如今的生活，每个人都会不可避免地与压力面对面。当你感觉到自己心跳加快、声音发颤、失眠、焦虑时，你知道大脑此时已经做好了怎样的防御？而你又该如何令其少安毋躁？

每天，我们都希望自己能够朝气蓬勃，神思敏锐，但是却一天一天发现自己逐渐陷入思维迟缓、行为拖延、情绪抑郁、记忆力减退、注意力难以集中等混乱状态而又不知如何是好。

那么，如何能像整理房间一样，将大脑也好好整理一番？比如努力为额叶增加一些控制权，这样它就能够更好地管理那个动不动喜欢情绪化的杏仁核，使人不至于总是紧张不已。是否应该像锻炼肌肉一样练练举重？还是像调整内分泌失调那般熬些中药汤子呢？

其实，大脑的要求很简单，只需要我们稍稍改变一下自己的生活和饮食习惯就能让大脑的工作模式发生大变化。甚至只是换一只手去使用鼠标就可以使大脑从中受益。更妙的是，为改善大脑工作效率而做出的种种努力，最终还会延长我们大脑的寿命，使我们的生命更具活力，生活更有品质。

目　录

Five

Eight

Nine

One

大脑版图的划分

自远古时起，灵长类动物的大脑就已创建好了一个早期的疆域版图。之后，随着年龄、经验以及环境的变化而不断丰富扩大着。

尤其值得惊叹的是，虽然大脑的所有区域都会参与处理一件事，但是每个区域也都拥有着各自不同的能力，其精密性是世界上任何一台精密仪器都无法比拟的。因此，为了更好地了解大脑，我们先大致了解一下大脑的几个主要组成部分的结构和功能。

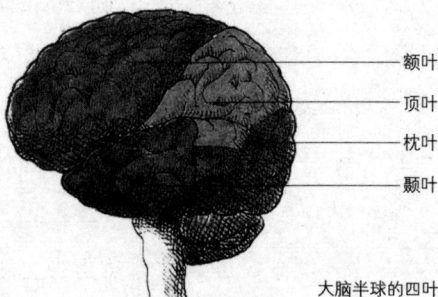

额叶
顶叶
枕叶
颞叶

大脑半球的四叶

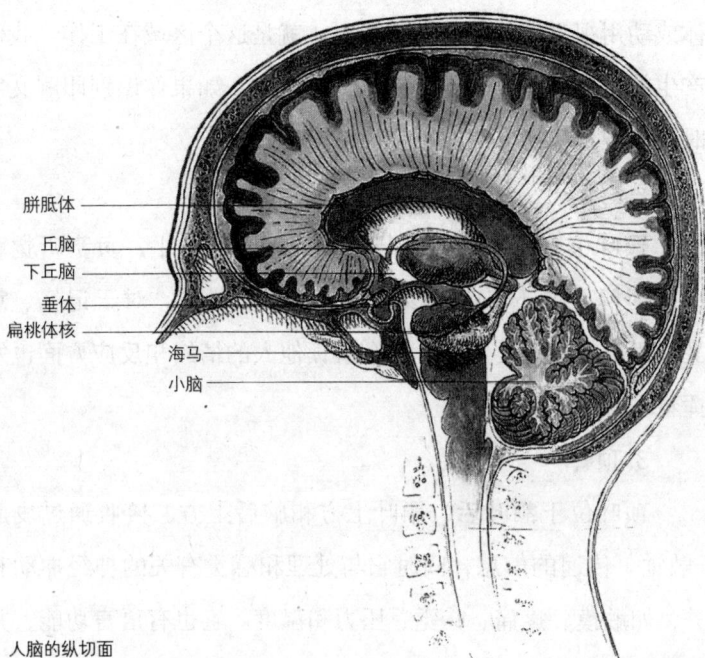

胼胝体
丘脑
下丘脑
垂体
扁桃体核
海马
小脑

人脑的纵切面

大脑皮层

我们首先来说一说大脑中最大的部分——大脑皮层。它的重量占整个大脑重量的 3/4，形状如同一大块揉皱了的布，盖住了大脑的顶部和四周。早在 1.3 亿年前哺乳动物起源时，大脑皮层便产生了。之后，随着不断进化，大脑皮层控制了我们的思维、自主运动、语言、推理和感知。

科学家将大脑皮层分成四个部分，每一部分称为一个"叶"，而每一个脑叶又都拥有一套神奇的功能。

1. 枕叶

枕叶位于大脑后部，负责视觉观察；如果我们想识别物体或动用视觉其他方面的能力时，就是这个区域在工作。我们产生的所有美丽愿景也由它负责。所以，如果你识别印刷文字时较为吃力，就应问罪于它。

2. 颞叶

颞叶位于头部两侧，与耳朵处于同一水平，负责听觉和语言理解。它还与杏仁核和海马区密切联系，对于记忆、意义、语言等起重要作用。它在解读他人的情绪和反应方面也发挥着不可或缺的作用。

3. 顶叶

顶叶位于额叶后、颞叶上方和脑后上方。接收通过皮肤（触觉）传递的信息，同时它与处理和感觉有关的神经冲动有关，如触摸、疼痛、味觉、压力和温度。它也有语言功能，并判断出注意力的方向。

4. 额叶

额叶如其名所示，位于大脑前部。它在大脑皮层中所占的区域面积最大，承担的任务也相对繁杂，它像个指挥员一般协调着一些高级行为，如运动技能、解决问题、推理判断、计划、注意力和部分语言功能等。此外，它还负责控制人的情绪和冲动行为。所以，当有人情绪不好时，会有下意识捶打自己额头的动作，想来倒有些像是在责备额叶为什么不好好工作！

接下来，我们再来简单地了解一下大脑的其他成员。

胼胝体

位于大脑半球纵裂的底部，连接左右两侧大脑半球的横行神经纤维束，是大脑半球中最大的连合纤维。当纤维进入两侧半球后便会散开并投射到整个半球皮质。它是一个勤快的协调员，它把两个大脑半球对应部位联系起来，让不同脑区更好地合作，使大脑在功能上成为一个整体。我们大脑完成的几乎所有的任务，包括打篮球、游泳等运动，都需要左右大脑的联合工作，这就需要胼胝体的帮忙。

脑干

脑干位于大脑的最底端，脑干自下而上由延髓、脑桥、中脑三个部分组成，与脊髓相连。这部分区域负责控制生命的基本功能，比如头部和眼部的反射动作、呼吸、心率、睡眠和消化等。

1. 延髓

延髓是大脑的最底层。它作为心脏和肺功能的控制中心，调节着许多重要的功能，包括呼吸、打喷嚏、吞咽及头痛。延髓是脑干的尾部，位于脑桥和脊髓之间。

2. 脑桥

脑桥是脑干最大的部分，位于延髓和中脑之间，前、后缘有横沟分界。内有大量的横行及部分纵行神经纤维，帮助连接大脑的不同部分。它负责部分运动控制和感官分析的工作。例如，来自耳朵的信息首先通过脑桥再进入大脑。另外，它也兼职一些意识功能和睡眠方面的事情。

3. 中脑

中脑位于大脑底部的脑桥、小脑和间脑之间，恰好是整个脑的中点；其形体较小，是脑干中最短的部分，长约 2cm，横越小脑幕切迹。它包含丘脑、上丘脑、下丘脑。它帮助控制眼球运动，处理视觉和听觉信息。所有大脑皮层与脊髓间的上行及下行神经通路都经过中脑，同时中脑通过白质与其他中枢神经系统的分部相联系。

（1）丘脑

丘脑位于大脑中心位置，就像一个中转站，控制你的感觉和运动整合。从全身各处传来的感觉，都要先经过丘脑，然后投射到大脑皮层。同时，大脑皮层发送的信息也通过丘脑传递给大脑其他部分和脑干。丘脑也负责一些与生命息息相关的功能，如释放应激激素和性激素，调节性行为，感觉饥饿和口渴，控制体温及日常睡眠周期等，它也与意识和记忆有关联。

（2）上丘脑

上丘脑位于丘脑后上方，包括松果体、缰三角、缰连合、丘脑髓纹和后连合。由于它的成员松果体对光线敏感，因此所有因光照引起的内分泌调节，都是上丘脑在努力工作着。

（3）下丘脑

下丘脑位于丘脑下方，是调节内脏活动和内分泌活动的较高级神经中枢所在。它控制你的体温、情绪、饥饿、口渴、食欲、消化和睡眠。下丘脑由几个不同的区域组成，位于大脑的底部。它只有一颗豌豆大小（约占大脑总重量的 1/300），但却负责一些非常重要的行为。它有助于维持体内平衡。它其中的一部分工作任务如下：

维持日常生理周期，如睡眠——觉醒周期

控制食欲

调节体温

控制荷尔蒙的产生和释放

脑垂体

脑垂体位于丘脑下部的腹侧，其实就是你的鼻子后面，靠近大脑的底部。它长得特别小巧，呈卵状，重量不到1g。女性的脑垂体较男性稍大。它分为腺垂体和神经垂体两大部分。它虽然小，但是发挥的作用却是非常大的，负责身体内最复杂的内分泌腺，分泌多种激素，如生长激素、促甲状腺激素、促肾上腺皮质激素、促性腺素、催产素、催乳素、黑色细胞刺激素等，还能够储藏并释放下丘脑分泌的抗利尿激素。这些激素对代谢、生长、发育和生殖等有重要作用。

目前，最新的研究还表明，脑垂体也参与负责了一些思考、好奇及情感起伏方面的工作。

杏仁核

杏仁核状如一个扁桃仁，（有两个）控制着你的情绪、学习、记忆的脑部组织，比如你高兴或生气的时候，其实就是这个小小的生物体在活动。你的杏仁核非常重要。没有它，你可能中了彩票都无法开心。另外，它还能够让你在面对危险情况时做出逃跑还是出击的决定。

除此之外，它还参与摄食、调节机体的性活动及调控下丘脑，从而参与了控制和调节垂体激素的分泌，调控神经内分泌系统。后文中我们将要提到的情绪、焦虑、压力等方面的内容都与杏仁核的状态是否良好有关。

海马区

海马区位于杏仁核旁边，负责储存事实和信息，并参与学习，是形成长期记忆所必需的区域。如果你没有它，就什么也记不住。比如说患有阿尔茨海默病的人多数都有海马区功能缺失问题。

小脑

小脑位于大脑后部，负责收集感官信息并控制你的运动、平衡、姿势和协调，尤其是那些涉及手和脚的动作。新的研究也将其与思考、新奇和情感联系起来。它会将眼睛（视觉）、耳朵（听觉）和皮肤（触觉）等感官所收集到的感觉信息以波峰形式传递给丘脑，丘脑对这些信息进行过滤，然后继续以波峰的形式传递到大脑皮层。

综上所述，你的大脑具备的所有功能形成了你区别于别人的特征。更重要的是，这些脑区所负责的各项功能，都直接作用于我们的种种日常行为与习惯。我们可能不会想到诸如味觉、嗅觉、视觉等感官感受都与大脑息息相关，也不会想到它们所获取到的味道、气味、色彩等都会对大脑产生影响，更不会注意到我们自己的行为习惯也都作用或反作用于大脑。比如我们为什么具有察言观色的能力，为什么睡不好就容易情绪不稳定等。对此，我们将逐一讲述这些问题，使读者在了解大脑的一些功能后，可以在生活中通过不断调整自己的行为与习惯，使大脑逐渐变得不同以往，让我们的身体及生活变得更积极。

Two

感觉器官们的附加值

味觉不只负责品尝食物

通常，我们很少能够认识到味觉的变化对大脑会有怎样的影响。我们每吃一口或甜或苦的食物又会让大脑有何反应，而且这些反应又对大脑及我们的生活有什么影响？

为此，神经科学家沉迷在味觉的研究中，最终他们发现原来味觉的工作并不只是反馈食物味道，它还兼职了很多不为人知的事情。

1. 内分泌变化的监测仪

除了可以感受食物的味道外，大脑还赋予味觉另一种功能——帮助身体监测整体健康。

你一定不知道，味觉感受力的强弱与身体内分泌的变化紧密相连。土耳其安卡拉大学的一项研究表明，如果一个人的内分泌系统出了问题，那么他对甜味的辨识能力就会下降。如此一来，他吃进去的甜品就会越来越多，体重也会随即增加。另外，如果味觉不再敏感，那么缺乏维生素或锌以及精神不稳定的情况也会随之发生。如此看来，大脑其实是让味觉充当了健康哨兵的职责，因此，当你发现自己的味觉与身体有了变化时，就要马上查找原因，仔细检查一下到底是舌头的变化引起了味觉迟钝，还是因为其他疾病所致？只要经过精心调理，味觉就会逐渐敏感起来，这也是大脑与身体都在恢复健康的信号。

　　不过，值得注意的一个问题是，虽然味觉迟钝不是好事，但是如果味觉太过敏感也非正常。这两者都表明了味觉没有好好工作。

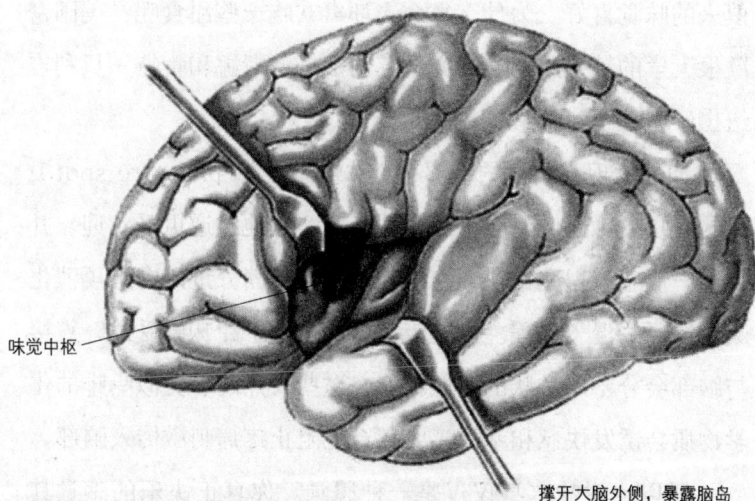

味觉中枢

撑开大脑外侧，暴露脑岛

1. 味觉敏感派

如果一个成人对于食物的甜、咸、冷、热的感受度较常人更为在意、挑剔的话，他很有可能是个味觉极为敏感的人。

2. 味觉迟钝派

当然，也有些人的情况截然相反。他们无论吃什么都是一派"不过如此"的超然，对于食物的不同味道也没有多大反应。为这样的人做饭最头痛的一点是，你根本不知道他喜欢吃什么。

以上两种极端的味觉感受能力，都是需要仔细查找原因的。毕竟大脑不会无缘无故就让味觉那么任性。

2. 甜味感受器

你可能不知道，我们对于酸、咸、苦等味觉感受及偏好其实都是日久天长积累的习惯性感受。唯有甜味却是我们与生俱来的味觉喜好。为什么每个人都喜欢吃一些甜食呢？美国密歇根大学的精神生物学研究员苏珊娜·派斯娜和肯特·贝利吉给出了一个全新的解释。

他们发现小白鼠的脑部有个"快感点"(pleasure spot)。而这个"快感区域"会使甜的味道较之其他味道更受欢迎。并且这一快感来得非常快，它根本不用经过糖分进入内脏再消化吸收这样的漫长过程。这是因为口腔里的"甜味感受体"直接与脑部会分泌内啡肽的区域相连，这些天然的、类似吗啡的化学物质会诱发快感和幸福感，甚至能阻止疼痛刺激传入脑部。

所以，甜味本身仅仅是一种感觉。你真正快乐的感觉其实是大脑通过调用那些化学物质为你加工制造出来的。脑部的神经系统会积极地将"愉快"添加到这种感觉上，从而产生一种"喜欢"的反应。但是，大脑的这一奇怪的喜好却特别容易让甜食"毒害"身体。所以，为了身形的苗条以及身体的健康，我们必须要坚决且有意识地拒绝甜食入口，阻止大脑嗜甜的任性行为。

3."吃苦"监督员

苦苦的滋味，恐怕喜欢的人不多。但是，我们不能因为不喜欢就刻意远离它。事实上，新泽西州立大学戴夫教授通过一个研究让我们认识到——只有识尽苦滋味，才能永远不发胖！他通过对50名40多岁的女性调查发现，不能很好地感知苦味的小组，由于其味觉不敏感，故而更容易受到甜味或油性食物的诱惑，其身体质量指数（BMI）比对苦味敏感的小组高7点，体脂肪率也高10%左右。

而通过对苦味敏感度与酒精摄取量的研究又发现，对苦味迟钝的人，其酒精摄取量也比一般人要高得多。

因此，如果你有了这样的"吃苦"意识之后，没事多"吃点苦"其实也是好事情。当味觉逐渐将不同的苦滋味存入大脑的味觉记忆库之后，今后再遇到苦一点的食物时，大脑就会因为有了对苦滋味的预期而不再拒绝，这样你就能因为能吃苦而更加健康。

如何巧妙利用嗅觉?

当气味物质作用于嗅细胞后，产生的神经冲动经嗅神经传导，最后到达大脑皮层的嗅中枢，便形成了我们能感受到的嗅觉。

越来越多的研究表明，嗅觉也是大脑健康与否的标志之一。比如最近的研究发现嗅觉与痴呆症有关联。该研究的负责人芝加哥大学的耳鼻喉科医生和头颈外科医生 Jayant Pinto 博士说："嗅觉能力是大脑中与核心功能相关部分的窗口，比如快乐、情感和记忆。"他补充说，嗅觉测试让医生"更早地看到问题发生的迹象"。所以，嗅觉是否正常是大脑的某些功能健康的一个指示标。如果有一天它忽然不能好好工作了，建议你要赶紧去"修复"。

有一天晚上，桑尼的嗅觉突然停下了所有的工作……

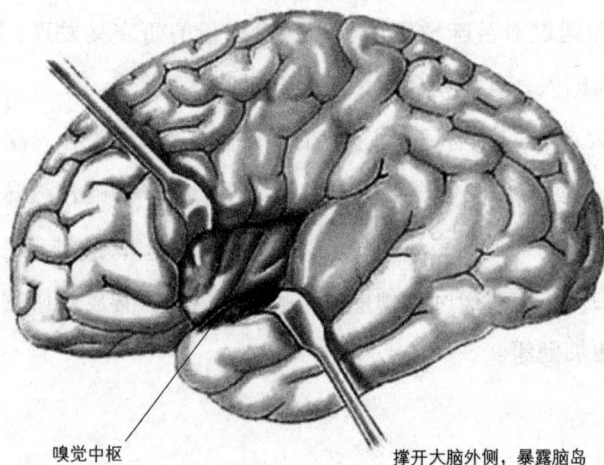

嗅觉中枢

撑开大脑外侧，暴露脑岛

第二天一大早，桑尼醒得比平时早了很多，因为一晚上他都觉得呼吸不畅，就只能依靠嘴巴呼吸。可是，用嘴巴呼吸很容易让口腔干燥，所以必须大量喝水，于是这一天里，桑尼光顾卫生间的次数达到了有史以来的最高峰。而更麻烦的事还在后面……

首先是吃饭不方便。因为气味与品尝美食息息相关，没了嗅觉，桑尼每餐都需要加很多的酱汁才觉得好吃。

这也不算什么，更麻烦的是，有一天，他独自在家做饭时忘了关火就去接电话，锅里的菜都煳到几乎要起火了，幸好他及时返回才避免火灾发生。可对于满屋子浓烈的煳焦味，他根本闻不到！

他还发现气味原来也关乎记忆。他是名咖啡经销商，过去他只要闻一下咖啡的气味便立刻能分辨出它们的品质如何。而现在，他觉得这份工作自己基本可以放弃了。

桑尼的这些遭遇也许会让你认为这与大脑没有直接联系。但大脑是给身体下达各种指令的总司令，如果鼻子不再管理呼吸、嗅觉等事情时，大脑就需要重新做出规划。但很多事情是其他器官无法替代的，如此一来大脑就处于令行不畅的状态。比如"记忆"中的一部分本是需要嗅觉来承担的，现在它不能工作了，那需要通过气味来记忆的工作该怎么解决？所以，这个人的记忆功能也就此残缺。

此外，由嗅觉负责的其他功能也都直接影响着大脑能否正常运行，具体表现为以下几个方面。

1.GPS（卫星导航仪）功能

嗅觉在最早期原始阶段时的功能，是帮助人类寻找隐藏在密林中的食物。当视觉受限后，灵敏的嗅觉就是最可靠的智能"GPS"。依靠它不仅可以准确定位到美食的所在，而且可以辨识食物是否腐坏。除了寻找食物之外，嗅觉还能够帮助人类提前发现潜藏在附近的危险，比如浑身散发着熊臭味的灰熊，以及汽车或房间里忽然挥发出来的汽油味及烟火味。当嗅到刺鼻气味后，大脑可以在第一时间命令身体要马上屏住呼吸，让身体快速远离，令伤害降到最低点。

最妙的是，这个嗅觉GPS实行的是24小时工作制。即使我们睡着了，它也能在我们被某些刺鼻或不受欢迎的气味侵袭时，立刻叫醒身体进行自救。而这一应急反应的速度要比视觉、听觉快很多倍！

2.味觉的感觉器

虽然嗅觉能让我们知道食物的气味，但是细想一下，其实我们吃东西的时候并不会先闻后吃。

味觉真正能品出的只有酸、甜、苦、咸等几种简单的味道，其他各种微妙的味觉感受都是在嗅觉的帮助下才得以实现的。因此，嗅觉与味觉、视觉相比，更能激发人的食欲。研究也证明了在进餐过程中，当嗅觉闻到食物的味道后，接收了此信息的大脑还会额外增加唾液、胃液等消化液的分泌。这就是当人感冒鼻子失灵后，立刻会觉得食不知味的原因。

3. 提升注意力和记忆力

当我们吸气时，空气中的气味会借着鼻黏膜上的感受器，由嗅觉神经传送到大脑中的海马区（掌控记忆的重要神经元），使大脑对这种气味以及发出此气味的物体形成记忆。这就是通过嗅觉引导的记忆会更长久的原因之一。鼻子不通的人，气体无法上传到嗅觉细胞，因而会影响到注意力和记忆力。所以嗅觉好的人，通常记忆力也都不错。

脑神经专家的研究也显示：经由鼻子来呼吸，会提高脑部对气味的灵敏度，使脑波变大，也就是脑部的运作会更灵活。

但是，过度敏感的嗅觉也同样是个问题。它也会使你无法集中注意力。因为它能敏感地感受到许多常人不太注意的味道，并对其无法忍受，总觉得很多东西闻起来很臭、很刺激，有时还会因为某些气味导致头痛、恶心、晕眩等症状。如果大脑总是忙于处理这些额外的工作，自然无法让注意力集中在一件事上。

4. 促成异性相吸，繁衍后代

人体在进入青春期后，便会开始产生一种个人所独有的体味。例如，女孩在生理期与性兴奋时，荷尔蒙会分泌特殊的体味，这其实是一种非常原始的生理需求，它主要是用以吸引异性，达到延续种族的原始目的。不过，这种嗅觉能力通常无从知晓，它会很隐秘地引导你。所以如果你莫名地感觉自己喜欢上了某人，严格地讲，其实是你的嗅觉为你捕获了能令你感觉舒服的气味。

5. 调节情绪

由于嗅觉也参与了大脑整合情绪的工作，因此，当人们闻到香或臭的气味时，人的心情就会立刻产生愉悦或厌恶的不同情绪。辛辛那提大学的一项研究就表明：在空气中加入香气，可提高工作效率。这也是人们喜欢用香水的原因。它的芳香可以令别人心情愉悦，所以人们更愿意与香喷喷的你待在一起。

鼻子为什么会"罢工"？

既然已经知道了嗅觉的灵敏度直接影响着大脑的正常工作，那么一定要注意鼻子的日常维护工作，因为"鼻子健康，大脑无忧"！

通常，除感冒外还有以下情况也容易导致嗅觉灵敏度下降。

1. 怀孕

妇产科专家发现：有多达 30% 的妇女在怀孕期间存在嗅觉功能丧失的情况（功能降低而不是完全丧失），通常发生在孕期的第二阶段和第三阶段。原因多是孕期分泌的大量雌激素增加了体内的血流量（为了适应胎儿生长的需要），从而导致鼻腔内衬的毛细血管肿胀，阻塞了微粒进入鼻子的通道。

2. 清洁用品使用不当

洁癖是病，得治！因为洁癖会趋使你每天不停地使用各类清洁用品洗、洗、洗，这对嗅觉可不是件好事情，尤其是在难以通风的狭小区域（如卫生间）频繁使用那些味道特别强烈的清洁剂（如漂白剂）时，鼻腔内的敏感细胞和纤细组织膜会因为受到太多的刺激而受伤，也就导致了嗅觉灵敏度的下降。

3.吸烟伤鼻子

家里有个爱吸烟的人，这对嗅觉来说就是个灾难。有一项测试明确告知了吸烟对嗅觉的危害——

该测试选择了512名成年男性，将其分为无吸烟史组、轻度吸烟组和重度吸烟组。

然后让他们分别嗅闻醋、酒精、樟脑和玫瑰香水，并说出味道。结果显示，吸烟组嗅觉减退和丧失者的比例为23.3%，不吸烟组的比例为4.3%。

与此同时，他们还用24只大白鼠进行了相关实验，其中16只为A组，8只为B组。

A组白鼠们生活的半封闭容器中，每天都会燃烧8支香烟，上午、下午各4支，B组饲养条件相同，但不点香烟。6周后，对大白鼠的鼻腔黏膜进行观察。

结果发现，A组大白鼠的鼻腔黏膜发生明显病变，而B组正常。

由此而知，吸烟量越多，烟龄越长，发生嗅觉障碍的比例就越高。

所以，如果人们的生存环境中长期弥散着诸如氯气、强酸强碱、金属粉尘或其他化学溶剂等气味，任何人的嗅觉黏膜都会受伤。

4. 用力抠鼻子

嗅觉能发挥威力，少不了鼻腔内黏膜上的感受器的大力支持。但是，如果常抠鼻子，就很容易使脆弱的黏膜受损，从而影响嗅觉的功能。

5. 牙齿被感染

牙疼，多因细菌在捣乱！如果细菌们再扩散到上颌骨的鼻窦中，就会引发炎症、疼痛、发烧和嗅觉功能丧失。

6. 维生素缺乏

维生素B12对嗅觉能力的强弱起着关键作用。它不仅有助于维持包围神经的鞘壳的健康，还利于电信号的传递，包括从鼻子顶部到大脑中负责嗅觉部分的电信号。这种B族维生素是广泛存在于乳制品、肉类和鸡蛋中的。

7. 鼻息肉

如果发现鼻腔内部有一个葡萄状的赘肉悬垂着，就很可能是一块鼻息肉。它会引发炎症，导致头疼、发烧和嗅觉功能的丧失。

8. 头部受伤

嗅觉中枢的外侧有一层颅骨保护，但这层颅骨比较脆弱，所以当受到外力的撞击时很容易使嗅神经遭到损害，造成嗅觉丧失。因此，如果脑部不慎受到强力震荡，其内部细小的嗅神经纤维（嗅觉的专门感觉神经）就很有可能被部分或完全撕断。

又或者是脑部嗅神经的位置长了个"大包"（肿瘤），造成嗅神经被挤压无法传递信息，那么你会发现，即使将一块臭豆腐放在鼻子下，也依旧闻不出味道。

嗅觉影响社交生活

如果一个工作场所内有人争吵过，你碰巧走进这个场所时，就会立刻感到空气中有种异样感，这种感觉使你立刻敛声静气，变得小心翼翼，虽然你并不知道这其中的原因。其实，产生这样的感觉是因为你闻出了现场"紧张与不安"的气味，进而影响到了你的言行举止。

这个推论是从荷兰乌得勒支大学贡·塞明博士的一项实验中得出的。研究人员先让 10 名男性分别观看了恐怖电影和带有令人反感内容的电影，并收集了他们腋下分泌的汗液。之后让 36 名女性志愿者在完成一项视觉搜索任务期间，使她们在不知情的情况下接触到这些汗液样本。结果发现，当她们闻到"恐惧汗液"时，双眼均睁得更大，表现出明显的恐惧感；当闻到"反感汗液"时，做出的则是厌恶的表情。实验还进一步表明，观看恐怖电影所分泌的汗液中还带着一种"攻击"的气味。

这也就不难解释，有时我们置身某种场合时，尽管没有言语提示，但我们仍然能感觉出其中的气氛有所不同。这个感觉就是身体因为情绪的变化而散发出了不同的气味，而我们的鼻子则准确地辨识了出来！

由此可知，多调整自己的言行与心态，少生气，就能够为自己及他人创造出一个和睦友爱的工作氛围，大脑接收到的正能量信息越多，它的工作效率就越好。

信息素——情绪传染源

上面所说的这种情绪传染，其实全是因为一种名为"信息素"的物质在作怪。它是同种个体之间相互作用而产生的一种化学物质，这种物质能影响彼此的行为、习性乃至发育和生理活动。它由体内腺体制造，直接排出散发到体外。人在受到惊吓时就会散发出信息素，它会在不知不觉中诱发脑部相应区域做出连锁反应。

听觉如何影响了大脑的速度？

你认为最快的感觉是什么？视觉，听觉，味觉，嗅觉，触觉？

光比宇宙中的任何东西都要快。那一定是视觉，对吧？但是，触觉似乎也很快，如果你不小心被针扎到，或者误碰了热水瓶，你就会立刻抽离。

谁是最快的感觉

事实上，人体最快的感觉是——听觉，即使光速是

299792458 米 / 秒，而标准环境下声速只有 340.29 米 / 秒。但是，从它们传递信息给大脑的速度来讲，听觉却是跑得最快的。

这是因为声波到达耳朵后，大脑能在 0.05 秒内识别它，这比眨眼的速度快 10 倍！与之相比，视觉传递信息给大脑的速度就显得有些慢吞吞了，大脑需要 0.2 秒的时间才能理解到达眼睛的光线。在触觉方面也是如此，大脑同样需要 0.2 秒的时间才能识别出触摸手或脚的东西。

为什么听觉系统的传递速度如此神速呢？因为我们的史前祖先在看不见东西的时候，比如晚上的时候，需要一种保护自己的措施，而听觉自然是最理想的可以远程探察危险的器官。要知道身处原始森林中，即使是轻微的树枝嘎吱声或断裂声，都有可能意味着危险来临，因此听觉的敏锐度直接决定着生死。

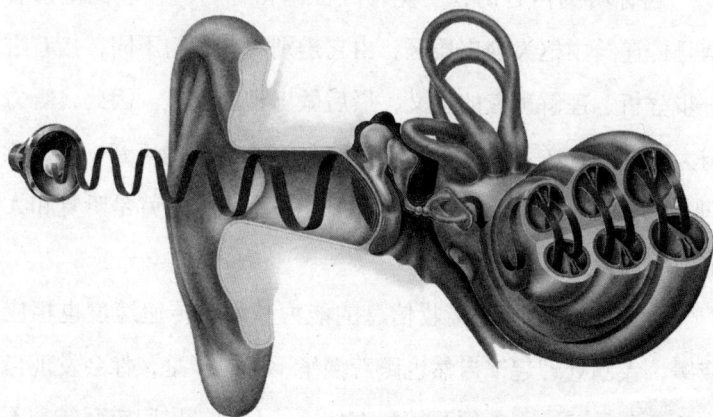

不过，现代的我们早已丧失了祖先的那种敏锐听力。因为嘈杂的生活环境直接导致了听觉的退化！轰鸣的汽车、喧嚣的人声，使得听觉时时刻刻都在工作。接收、传递，接收、传递……一大堆需要处理的声音文件堆积在大脑指挥部门前，等着它立即识别、分类、过滤、理解，再分派任务到各个区域去执行。大多数时候，大脑对于这些噪声的处理早已娴熟到几乎让人无从察觉，我们自己称其为"习惯"，也许你还能够在噪声中安然熟睡。但是，这样的环境日久天长之后，听觉却会"过劳死"。研究表明，城市人老年聋发病的时间要比乡村早很多。

听觉不好对大脑有什么影响呢？

　　做一个简单的测试，如果你用双手捂紧耳朵，再去听别人说话，会立刻感觉听声音很费力是不是？听觉是这样工作的——

　　当你听到声音时，听觉神经立即待命，将接收到的声音信号传递给中枢大脑皮质区，由它辨别声音有何不同，接着进一步分析、理解声音的意义，最后做出相应反应。因此，听力与大脑的运作关系是听到声音—这是一个熟悉的声音—这是我同事的声音—他喊我等他一会儿—停下脚步！这就是听觉和大脑活动间密不可分的联系。

　　但是，如果听觉接收信息的能力减弱，传递速度也相应减缓，大脑处理起来自然也跟着慢了下来。于是，你会发现当你听着费劲时，别人便开始嫌弃你不能马上给出回应而转身不再理你。时间一久，你也懒得再去听，大脑也乐得可以停工休息。听觉神经更因为一直不能好好工作而逐渐懒散退化。这样的情况持续得越久，听力刺激便越少，最终致使中枢听觉处理皮质功能整体失业，进而退化。如果不能及时治疗，患者与人沟通的意愿变低，社交退缩，情绪波动大，生活圈缩小，心智功能随之降低。

美国学者 Frank Lin 等人曾在 2011 年发表的一项研究报告中讲道：通过对 639 名民众超过 10 年的追踪，他们发现，听力障碍确实会加速认知功能下降；与听力正常的人相比，轻度、中度与重度的听力障碍者，罹患失智的风险分别要高出约 1.89 倍、3 倍与 4.94 倍。较正常听力者，听力受损人群智力受损提早了 3 年；听力受损者的衰退速度，比听力正常者快 30%～40%。听力受损的程度越大，心智功能衰退的幅度也越大，罹患失智症的风险也就越高。

听力障碍使得大脑需要花费更多的认知资源，来理解感知到的听觉信息。这就是我们总是觉得在与老年人沟通时，他们无法立刻给出回应的原因之一。因为他们每听到一句话或一个问题时，大脑都需要调动更多的区域来汇总得出答案，这个过程需要时间！所以，与他们对话要求我们一定要耐心！

色彩的视觉心理

大脑对色彩的调和有天生的敏感度，无论有没有受过色彩训练的人，都会知道哪些色彩的组合会让自己赏心悦目。这主要是因为颜色作为光波的一部分作用于人类的视觉神经系统，并由此引出某种视觉经验。也就是说，当色彩通过视神经被传递给大脑后，怡情的色彩不仅使人身心舒适，智力、创造力等也会随之提高，反之，若长期处于让人心情压抑的色彩中，则会影响脑神经细胞的发育。

在日常生活中我们应学会适当地使用色彩，因为它们确实能够影响我们的身体、情绪、心理和精神状态。色彩会唤起生理化学反应，直接刺激大脑脑垂体和松果体。而脑垂体所分泌的荷尔蒙不仅影响着性活动、新陈代谢、食欲，还会对我们的情绪、情感和行为产生影响。因此，生活中对于色彩的使用以及色彩使用数量的多寡都会对大脑产生影响，进而影响我们的生活品质。

具体而言，在一种特定色彩的帮助下，大脑会产生出一些不同寻常的心理反应，甚至有些颜色还会在大脑中形成一种"假象"，进而刺激生理产生反应。例如，看到暖色会产生温暖的感觉，而冷色则生出寒冷的感觉；此外，色彩还能令大脑对物体的体积和远近产生一种视觉错觉。

正是因为色彩会对大脑产生刺激效果，所以只要使用得当，我们就可以用来调整心理状态，改善情绪，恢复内心平衡，刺激积极的潜意识，进而促进人心灵的成长和内心的完善。

其实，色彩的医疗保健特性和色彩疗法已被使用数千年，并沿袭至今，每一种色彩都已经有了一些特定的作用，或刺激或压抑。

1. 红色

研究过红色的心理学家一致认为，多数人会将红色与危险联系在一起。而另外的一项针对颜色与生理反应的研究发现，红光的照射会使人们的脑电波和皮肤电活动发生变化，并由此使人们的听觉感受性下降，但是握力会增加。如果应用在生活中，就会看到处于红光中的人，其反应速度和强度会增快，但是工作效率会下降很多。可能是因为红色容易使人感到紧张或兴奋，这时压力荷尔蒙分泌量就会随之增多，进而产生诸如心跳加速、呼吸加快、肌肉紧张、注意力难集中等一系列生理反应。

所以，很多环境并不适合使用大量的红色，因为它会给人带来负面影响。正如研究中一再提到，红色会增加焦虑感。你最喜欢的球队如果遇到的是穿红色队衣的对手，输的可能性要大得多。而在考试前接触过红色的学生表现更差，这听起来似乎更像个魔咒。

还有一个商业上的秘密，如果你在购物网站上卖过东西，或者将来会在上面卖东西的话，一定要记得：避免用红色来做商品的背景色！因为研究人员发现，以红色为背景的物品，消费者通常不太可能购买。

尽管如此，在另外的一些情景中，红色还是有着更为有趣的影响。例如，身穿红色衣服的女子，总能获得额外的关注。2012年的一项研究发现，与穿其他颜色衣服的女服务员相比，穿红色衣服的女服务员得到的小费高出了14.6% ~ 26.1%（不过，研究还发现，女性给服务员小费的多少与红色一点关系都没有）。原因可能在于红色能够更加凸显女性的身体和性吸引力。所以，如果女性去赴约会，可以考虑涂上大胆的红色口红，或者穿一件红色连衣裙。

2. 橙色

橙色是一种让人感觉非常温暖的颜色。如果房间被漆成橙色，通常会被认为室温要高于实际温度。而这种温暖的感觉能够使我们的肌肉更放松。早在1979年的一项定量研究中，研究人员就发现了橙色的这一神奇功能，他们发现橙色具有一种"基于内分泌的削弱肌肉功能的作用"，也就是说，身处橙色环境容易使人更放松。

而在商业中，橙色标识的商店往往被认为品质好且价格低廉。不过，橙色也有"危险"性，但不像红色那样会立即发生危险。交通延迟标志和道路危险标志就是以橙色为主的。

3. 黄色

黄色是所有色相中最能"发光"的颜色。黄色的环境能给人以轻快、透明、辉煌、充满希望、令人心情愉悦、兴奋等感觉。与此同时，食欲也会随之增强。所以，黄色总是使人感觉快乐、开放和友好。人们认为黄色不仅与情感、自尊和创造力有关，它还是幸福的代名词，比如日本有部电影就叫作《幸福的黄手绢》。

这可能是因为大脑在接收到黄色的信号后，会刺激多巴胺分泌得更多所致。这也是它与喜剧、希望和乐观联系在一起的原因，当然，同样是我们在晴朗、阳光明媚的日子里都更快乐的答案。

不过，值得注意的是身处黄色环境时，人们会感到时间过得很慢，所以很多快餐店都会将店面设计为黄色，令身处黄色环境中的人在进餐结束后离开得更快些。

4. 绿色

绿色是属于森林的美丽颜色。青色和绿色对光线的吸收和反射都比较适中，所以人体的神经系统、大脑皮质和眼睛里的视网膜组织都对其较为适应。因此，人在天然绿色环境中可以舒服自如地做事，其创造力也就随之增强。心理学家们也从研究中发现，绿色确实与复杂的思维、放松、内心的专注和平静的行动有关。

此外，当我们看到绿色的时候，我们想到的是自然与成长，所以我们会把绿色和个人或职业的成长联系起来。因此，研究人员建议将工作场所刷成绿色，因为这样可以让员工更具活力。

5. 浅蓝色

浅蓝色总是让人感觉平静与专注。研究还发现，浅蓝色有助于降低血压，这也就是许多医院会使用浅蓝色的原因。浅蓝色也是开放与和平的颜色，所以世界和平的象征是一只白鸽抱着一根橄榄枝站在淡蓝色背景前。

6. 深蓝色

除了与浅蓝色效果相似外，深蓝色还能使人的情绪更加镇定，思维也更清晰。这种关联后来在日本得到了应用，他们在特定的地方安装了蓝的街灯，希望能防止那些地方发生犯罪及自杀的行为。结果显示，这一做法是非常正确的。因为一个曾多次发生自杀行为的车站，在安装了蓝色街灯后，类似企图事件随之减少。其他安装了蓝色街灯的地区，犯罪率也相应下降了9%。伦敦也随即将他们的"黑修士桥"漆成蓝色，以期盼能够减少从桥上跳下去的人数。这些行为的改变与蓝色所内含的那种鼓励更清晰的思考有着必然的联系。

7. 紫色

紫色是蓝色和红色的混合物，所以是一种奇怪的颜色。一项研究发现，紫色通过视觉神经传递给大脑后，大脑会做出"看起来比实际更冷的"判断。另外，紫色更容易使肌肉紧张。

8. 粉色

1979年的一项研究发现，当囚犯被关在一个涂成糖粉色的牢房里时立刻变得不那么具有攻击性，肌肉也随之放松，不安感和挫折感明显减少。如今，瑞士20%的监狱至少为不守规矩的囚犯保留了一间粉红色的牢房。心理学家还用这个颜色对孩子们做了一次试验，结果发现，大多数孩子都能在粉红色的环境里安静下来，有的甚至还在里面睡着了。

9. 白色

你知道穿白色衣服的男人更有吸引力吗？2010 年的一项研究发现，穿简单白色 T 恤的男性被女性认为更具吸引力。不过，白色虽然会让人联想到清洁和纯洁，但它也会导致无聊感。纯白色的空间比彩色区域更容易让人注意力不集中。所以，研究人员建议零售店应该色彩丰富一些。

10. 黑色

焦虑的人在选择颜色时更倾向于黑色，那是一种缺乏安全感的心理外显。当我们还是孩子的时候，我们害怕黑色，但是当我们长大成人的时候，我们则会利用它来让自己显得形体苗条。然而，黑色与大脑常以一种有趣方式相互作用着——黑色环境往往能带来一种品质感，有些广告中如果加入了大量黑色系，人们极有可能会为产品需要支付更高的价格。而且在生活中，黑色服装也确实往往使人感觉更有时尚感。不过，黑色最有趣的效果是它能让人显得更有攻击性。1988年的一项研究得出结论，当我们看到黑色时，往往会变得更好斗！

由此可见，色彩对于我们的生活与心理是多么重要，它不仅存在于外部世界，而且一直蕴藏于我们的基因之中。因为早在人类诞生之前就已经有了色彩的存在，所以我们的大脑和神经系统的运作机制中早已包含了色彩的因素。因此，当我们在追求美丽、拥有色彩魅力的事物时，潜意识中总有一种对色彩的喜悦与亲近感。

大脑中有一面"镜子"？

下面的情景中，你从未经历过的一项是：

1. 看到别人打针，你就会感觉到疼；

2. 看到有人品尝美味，你也是馋涎欲滴；

3. 看到人家打哈欠，你得强忍着才能管住嘴巴不张开；

4. 看到一个人因为失去亲人而哭泣时，你会突然感到悲伤和沮丧；

5. 热追的游戏角色、痴迷的影视明星让你感觉自己也有了和他们一样的神情举止；

6. 隔壁的领导正在责骂你的一个同事，如果没有私人恩怨的话，你在一定程度上也会感受到压力；

7. 乘车时，司机一路上愤怒地按着喇叭，旁边的你就会承受到他的焦虑；

……

你是不是都曾经历过？如果是，那很好。这说明你的大脑里私藏了一面"魔镜"，因为拥有它，所以你是世界上最负同理心的人！

不过，别太得意，你不会就此成为超人，因为全人类的大脑中都有这样一面魔镜。我确实是和你开了一个玩笑。但是，能拥有这面魔镜感觉真的棒极了！因为当大家都开怀大笑时，你也会不由自主地跟着笑，刚才还为了丢钱的事而郁闷的心情一下就变得明朗了。

什么样的环境，造就什么样的人？

中国有个特别古老的"鸡汤"故事——《孟母三迁》。说孟子的妈妈自生了孟子后一直在搬家。最初因为房租便宜，住在了乡下。小孟子每天回来都会给她表演刚学到手的本事——跳大神。因为他家隔壁是个墓场，跳大神的"神仙"们常被请来做法事，小孟子很自然地就模仿会了。孟母觉得再这样下去，儿子将来的职业很可能就是跳大神了，这怎么行，搬家！

新宅子在城里，市井繁华，应该不错。小孟子再出去玩时，带回来的本事果然不一样了，他在家玩起了摆小摊卖东西的游戏。因为隔壁是个农贸市场，小孟子天天在那里溜达。这样的话，儿子未来岂不就是个小商贩？再搬！

在"万般皆下贱，唯有读书高"的社会主流思想引导下，孟母左寻右找，终于住在了太师学府隔壁。之后，便有了思想家——孟子先生。

当时孟母的思想确实先进，她大约很早就知道了这面魔镜的存在。她明白在儿子的成长过程中，周遭人的语言、思想、行为举止、处事方式……都可以使儿子通过魔镜"模仿"而轻松获得。因为魔镜的工作原理是使人能够通过与他人的情绪、动作、神态，甚至是思维模式等方面的一致而赢得社会群体的认同，进而成为其中的一员。这就是为什么环境很重要，在镜像神经元的作用下，什么样的环境造就什么样的人。

魔镜是谁？

现在，我们就来说说这面魔镜吧。它潜藏于大脑的额叶——前额叶区域，学名是"镜像神经元"。因为它一直行事低调，所以直至 20 世纪 90 年代才被意大利的帕尔马大学首次发现。当时，研究人员中有人伸手去抓食物，这时突然发现被研究的猴子脑中的一组神经元也被激活了。也就是说，虽然猴子没做任何动作，但是它在大脑中已经模拟过伸手去抓食物的动作了。这其实就是"预测"的能力——镜像神经元可以预测出一个动作的意图，它有时只会对真正的意图做出反应，不会回应无意义的行为和随意的手势。

所以，用"镜像"来为这组神经元冠名是非常形象的。它确实具有镜子功能——不必动用概念推理，也无须思想，只要看一眼对方的神情、动作等，就能立刻让你领会别人的意思与感受，使你因感知到他人的情绪而产生共鸣。这种本能的、立即理解他人经历的能力也决定着我们的社交关系。

但是，为什么有些人就难以从他人的角度看问题呢？原因可能源于"三自经"——自私、自恋、自闭症。

为什么明星人物总有一大群追随者？

偶像明星们总是前呼后拥地被人喜欢。因为他们体现了社会认为有价值的特征或美德。他们身上有着追随者们想要成为或想拥有的东西。偶像明星的成功会影响粉丝们的情绪，从而导致多巴胺的释放，而多巴胺能让人兴奋、快乐。所以粉丝现象在青少年中更为普遍，因为他们仍然处于建立自己身份的阶段，他们的镜像神经元需要寻找好的榜样来模仿。

聪明的营销专家们特别擅长将"镜像神经元"应用于生活。我们去参加音乐会时就能明显感觉到这一点。在现场时，明星的才华其实并不是最重要的方面，体验感才是令人感动的环节。现场演出中，观众更容易被一种由现场的灯光、音响、众人的欢乐等烘托出的群体情绪所感染。

同样的道理也适用于运动赛场。当旗帜、国歌、制服和激情营造出一场宏大的视觉盛宴时，现场的比赛已超越了简单的比赛。所以，一场场因为比赛而引起的争斗其实只是镜像神经元的恶作剧。

广告商们也是镜像神经元的受益者，由于粉丝喜欢模仿崇拜者，因此明星和运动员们也都有了兼职产品推销员的机会。

总之，镜像神经元会引导你向他人敞开心扉，认同他们，并对其产生同理心。不过，这个健康的过程也可能导致你误入歧途，比如崇拜了某个价值观有问题的人，如希特勒。那后果将是非常可怕的！如果你天天和这样的人在一起，时时听到他的各种言行，大脑就会不由自主地去模仿，日久天长后，你就成了希特勒复制版。因此，一定要学会过滤你崇拜的人，让大脑只与真正优秀的人在一起。

Three
如何睡个好觉?

睡眠缺失会怎样？

睡眠不足是现代快节奏生活的副产品，它普遍存在却不被人重视——尤其是各个单位中的领导们。当人们提及绩效、考核、效率等量化指标时，很少有人将其与睡眠联系在一起。但是，睡眠时间与质量对于大脑的影响是方方面面的，能否睡得好，是大脑能否良好运作的基础，进而则会辐射至人们的生活质量乃至整体社会的经济发展。

英国的一份报告显示，80% 的英国人都睡眠不足，医生和教师是所有人中最缺乏睡眠的。并且由于生产力和健康水平的下降，睡眠不足每年给英国经济造成 400 亿英镑的损失。

缺乏睡眠不仅影响着社会经济水平，还以多种方式影响着个体的大脑，如损害其判断力，导致反应迟缓。事实上，对于大脑而言，一个不眠之夜后的认知能力等同于醉酒之后的反应。

以下 10 项都是由于睡眠不足而导致的严重后果。

1. 困倦导致事故

近代历史上一些重大灾难就是由睡眠不足引起的。比如 1979 年三里岛核事故、"埃克森·瓦尔迪兹"号油轮漏油事故、1986 年切尔诺贝利核电站的熔毁，以及其他一些灾难。

而在日常生活中，由于睡眠不足所引发的最常见的事故就是交通安全。睡意蒙眬会像醉酒驾车一样减缓驾驶员的反应时间。据美国国家公路交通安全管理局（National Highway Traffic Safety Administration, NHTSA）估计，疲劳是美国每年 10 万起车祸和 1550 起与车祸有关的死亡事故的原因之一。

此外，睡眠不足和睡眠质量差也是导致工作事故和受伤的原因之一。一项研究中显示，抱怨白天总犯困的员工发生的工作事故明显更多。因此，现代职场中，主管们应该认真考虑增加睡眠假的必要性。

2. 困倦使人健忘

睡眠在思考和学习中起着至关重要的作用。睡眠不足会在很多方面损害这些认知过程。首先，它会削弱注意力、警觉性、专注力、推理能力和解决问题的能力。这使得高效学习变得更加困难。其次，在夜间，不同的睡眠周期在"巩固"记忆方面发挥着作用。2009 年，美国和法国的研究人员确定，人在深度睡眠时，大脑会将白天学习到的信息从海马区转移到负责长期记忆的新皮质区。在这种情况下，睡眠不足可能会导致海马区的存储仓被填满后因为无法及时挪移出去，就阻止了新信息的存储。所以，如果睡眠不足，你就无法记住白天学了什么，以及经历了什么事情。

3. 睡眠不足会导致严重的健康问题

大多数人都认为睡眠不足会降低工作效率，而关于它对大脑的影响我们可能还知之甚少。但是意大利的一项研究很明确地告诉我们：睡眠不足实际上会导致脑细胞吞噬部分大脑突触。那些星形的脑细胞被称为星形胶质细胞，它们的功能之一就是清除坏死的细胞。研究发现，睡眠不足的老鼠的星形胶质细胞会进入超速运转状态，因此大脑会有更多的连接被破坏。研究负责人米歇尔·贝莱西在接受《新科学家》杂志采访时说："我们首次发现，由于睡眠不足，星形胶质细胞会吃掉部分突触。"

此外，睡眠障碍和慢性睡眠缺失还会使我们面临以下风险：心脏病、心脏衰竭、心律不齐、高血压、中风、糖尿病……

4. 睡眠不足会扼杀性欲

睡眠专家表示，睡眠不足的男性和女性性欲较低，对性的兴趣也较低。其主要原因可能是能量耗尽、困倦和紧张加剧。

对于患有睡眠呼吸暂停症（一种影响睡眠的呼吸系统疾病）的男性来说，性欲下降可能还有另一个因素。2002年发表在《临床内分泌与代谢杂志》(*Journal of Clinical Endocrinology & Metabolism*)上的一项研究表明，许多患有睡眠呼吸暂停症的男性睾丸激素水平也较低。在这项研究中，近一半患有严重睡眠呼吸暂停症的男性在夜间分泌的睾丸激素水平异常低下。

5. 睡眠不足使人抑郁

随着时间的推移，睡眠不足和睡眠障碍会导致抑郁症的发生。在2005年的美国睡眠调查中，被诊断患有抑郁症或焦虑症的人晚上睡眠时间往往少于6小时。在2007年一项针对1万人的研究中，失眠症患者患抑郁症的概率是正常人的5倍。事实上，失眠往往是抑郁症的最初症状之一。

6. 睡眠不足会使皮肤老化

大多数人都有过因为睡眠不好而皮肤发黄、眼睛浮肿的经历。长期睡眠不足不仅会使皮肤失去光泽、增加细纹和黑眼圈，还会让身体释放更多的压力荷尔蒙——皮质醇。过量的皮质醇是破坏皮肤胶原蛋白（保持皮肤光滑和弹性的蛋白质）的元凶。

7. 睡眠不足会影响生长激素的释放

睡眠不足还会抑制生长激素的释放量。睡眠专家菲尔·格曼博士说："在深度睡眠中，也就是我们所说的慢波睡眠中，生长激素会被释放出来。"青少年时期，生长激素是长个子的基础。随着年龄的增长，生长激素还有助于增加肌肉量，增厚皮肤，增强骨骼。

8. 睡眠不足会导致体重增加

说到体重，它也已经是现代人的一个"隐痛"。有多少人天天都幻想着自己可以快速变得更为苗条。但是，他们一定不知道，只要时不时打几个盹，就有可能瘦下来！这是因为睡眠不足的人更容易饥饿。2004 年的一项研究发现，每天睡眠不足 6 小时的人比每天睡 7 ~ 9 小时的人发胖的概率高出近30%。

为什么睡眠时间短，人就容易发胖呢？那是因为"瘦素"和"饥饿激素"的分泌失调。"瘦素"由脂肪细胞分泌，能抑制食欲；而"饥饿激素"则由胃制造，起到增进食欲的作用。

睡眠时间短，"瘦素"分泌就少，"饥饿激素"便会增产。睡 5 小时的人与睡 8 小时的人相比，"瘦素"的分泌要少16%，"饥饿激素"的分泌则增多 15%。也就是说，睡得少的人，食欲会变大，吃得多了，身体也就容易发胖。

而且体内"饥饿激素"一多，就会喜欢上高脂肪食物及高卡路里食物。这就是在睡眠不足的情况下，人会对饼干及汤浓味厚的拉面感兴趣的原因。

9. 睡眠不足会增加死亡的风险

英国研究人员曾观察了 20 多年来，睡眠模式是如何影响 1 万多名英国公务员的死亡率。2007 年发表的研究结果显示，那些每晚睡眠时间从 7 小时减少到 5 小时或更少的人，他们死于各种原因的风险几乎增加了一倍，特别是睡眠不足使得其患心血管疾病的风险增加了一倍。

10. 睡眠不足会削弱判断力，尤其是对睡眠的判断力

睡眠不足会影响我们对事件的理解。这损害了我们做出正确判断的能力，因为我们可能无法准确地评估情况并明智地采取行动。

格曼博士说："研究表明，睡眠 6 小时而不是 7 或 8 小时的人，随着时间的推移他们会开始觉得自己已经适应了睡眠不足——他们已经习惯了。""但如果你看看他们在精神警觉性和表现测试中的实际表现，你会发现他们的成绩在不断下滑。"

按照格曼博士的论据推断，我们有理由相信，如果睡眠不足的人越来越多，那么意味着能做出糟糕判断的人群也在增加，波及范围将会是非常广泛的。

很多商家便很巧妙地利用了这一点。多年来，赌场老板们一直都在悄悄地利用"疲惫的赌徒会做出冒险决定"这一生理科学来增加着自己的利润。他们的秘密办法就是将赌场设

计成：明亮的灯光、喧嚣的噪声以及没有一扇可以看到外面的窗户。

知道为什么如此设计吗？答案很简单，就是为了阻止你注意时间的流逝。这样一来，你极有可能一赌通宵而不知眠。2011年，杜克大学的研究人员经过测试发现，当参与者即使只是一晚未睡，他们能够做出理性决定的能力也会很弱，并更容易冒险且更乐观，因此赌博的风险也在不断加大。

所以，为了大脑，去睡一会儿吧！

如何避免"起床气"？

昨天晚上你熬夜了（如和朋友出去玩，照顾哭闹的孩子，加班，看你最喜欢的电视剧……）。而你今天忽然觉得整个世界都出了问题——为什么每个人都这么讨厌？为什么交通这么差？这些糟糕的司机就不能开得快一些吗？

不用问，你的这些负面情绪都是因为一夜少眠引起的。所以，我们可以用非常绝对的态度列出这样一个等式：睡眠不足 = 消极情绪的增加和积极情绪的减少。讲到这里，你可以回想一下自己在睡眠不足的日子里是不是更易怒？

因此，当你睡眠不足的时候，尽量不要承担责任性很强的工作，不要与你不喜欢的人交往，也不要参加过多的社交活动，更不要去和老板争论能否给你升职加薪这样的大事！

是的，睡眠就是情绪的风向标。不仅我们自己对此深有体会，就连科学家们也对此进行过多次验证。多数参与试验的人都曾报告说，每当他们睡眠不足时，他们基本都会感觉自己不那么友好、不那么高兴，甚至不怎么有同情心。关于这一点，我是有亲身体会的，因为我与我妈妈就很容易在早晨的时候爆发"战争"。总之，别太苛求一个没有睡好的人要表现得更加积极乐观。一旦没有睡好，即使他们从工作或学习中取得了成就，也会觉得没什么可高兴的……

所以，如果你发现自己睡眠不足，或者知道你周围有人在遭受睡眠不足的痛苦时，可以试着让自己（或他们）休息一下。可是，为什么睡不好的人那么容易发脾气呢？

大脑成像告诉我们，这一切都是因为杏仁核（杏仁核位于大脑深处，是我们的情绪控制中心）太活跃所致！不，准确地说，是因为睡眠被剥夺后，负责情绪的杏仁核和负责调节杏仁核功能的内侧前额皮质之间的传导出了问题。所以当我们看到容易使情绪更消极的图像或影像时，杏仁核就会在失控的状态下"一路狂奔"！其活跃度将会比获得充足休息的时候高60%。

据一项对2000名英国群众的调查显示，他们之中半数以上的人表示他们都生过"起床气"！其中，有43%的人不愿意和伴侣说话，33%的人不和同事打招呼，14%的人因为起床气分手，70%的人乘坐公共交通时不想和陌生人说话。这也是为什么早晨的公共交通上特别容易出现争吵甚至打架的情况。所以，永远都不要和一个没有睡好的人计较，那样做的后果很严重！

据说，1982年韩国的一名男子在睡觉时，其女友因为拍打他胸前的一只苍蝇而将其惊醒。之后，该男子在8个小时内连续杀了57人，包括他自己……

那么，如何避免"起床气"呢？答案很简单——多睡一会儿吧！当然，这一点对于很多人来说似乎变得越来越困难。晚睡的人必然需要晚起。可是工作、学习、打卡机在等着你！那么如何让自己非常友好地醒来呢？希望以下几个小技巧对你有帮助。

1. 光线

光线调节着我们大脑中的褪黑激素水平，当夜晚光线昏暗时，促眠的褪黑激素大量分泌，我们也就困意袭来。而当清晨光线逐渐明亮时，褪黑激素悄然退去，大脑慢慢清醒。所以，如果你使用一个具有光线叫醒功能的钟表，那将是你和所有人的幸运。因为它会从一个非常低的声光水平开始，逐渐增加强度将你慢慢唤醒。这要比一个闹声十足的闹表要温柔体贴得多。

2. 香气和音乐

香味会通过嗅觉系统传递给睡眠者的大脑，使其在清醒前就能保持一种好心情。一段轻柔的音乐也是如此。曾经看过一部电影，清晨时分，主人公的音响设备自动开启，播放着柔和舒缓的音乐（真希望我也能拥有这样一套自动化的音乐设备）……

3. 避免和"有毒"的人在一起

睡觉之前发生的事情直接影响着第二天清醒时的心情。比如你在前一天被人严厉地批评过，那你必然会对这件事耿耿于怀一整天，晚上睡觉时都会不自觉地要反复回顾以至于辗转反侧，这也会导致你的坏心情一直持续到第二天早上。所以，与什么人相处也是睡眠良好、心情舒畅与否的因素之一。遇到类似的事情时，我推荐你尝试一下健康的分散注意力这个方法，比如处理杂务、进行有趣的活动、购物、阅读或写作等。但是千万不要坐在屋子里看电视，这是所有分散注意力方法中效果最差的一种。

4. 运动

这是老生常谈。不过，中等强度和高强度锻炼对我们心情的影响与每天服用抗抑郁药是相同的，但是它的副作用会更少。事实上，运动被认为是最好的情绪调节行为器。

当然，如果早晨的时间很紧张的话，可以在下班的路上增加一些锻炼项目，比如提前两站下车走回家！（我就是这么做的）。

早晨不清醒？因为大脑在惯性犯懒

早晨起床对多数人来说都是一件艰巨的事情。尤其是有了可以上网的手机后，持续的晚睡使起床变得越发困难。即便勉强离开了亲爱的床，大脑意识却依然处于混沌状态，表现为反应慢、记性差、身体无力、疲倦，甚至连最简单的数学题都变成了"哥德巴赫猜想"。这样的状态无人幸免，天天轮回，即便是睡眠极为规律的人都会有此经历。

20 世纪 50 年代时，科学界开始研究这一怪现象的成因。结果发现，无论我们晚上睡多久或睡得多好，每到清晨，大脑依然会昏昏沉沉。而且，更残酷的事实是，我们睡得越深，大脑迷迷糊糊的状态就越严重！而这都是"睡眠惯性"惹的祸。

什么是睡眠惯性？

如果我们将大脑想象成一个拥有各种部门的大写字间，清晨来临后，上班的人陆续进来开始工作。那么这个陆续的过程就是大脑起床后的状态。当然，大脑内的部门可不是随机开始工作的，它为大家都规定好了顺序——最先被叫起来工作的是负责身体机能管理呼吸心跳等基本活动的脑干兴奋系统。还有负责接收感官信息的丘脑等比较原始的脑区会被迫开始工作。之后，那个控制着我们思考、决策和自控的前额皮质层才懒洋洋、慢腾腾地开始执行任务。而这个懒缓的过程却让身体倍感疲倦、昏昏沉沉，并不断打哈欠。尤其令人沮丧的是，前额皮质的准备时间真是让惜时如金的人抓狂——30 分钟至 4 个小时不等！只有极少数的人可以在 1 分钟后完全清醒。所以在早班车上，四下打量，你会发现很多人看起来都是两眼无神、生无可恋的样子。

大脑完全清醒的时间长度由前一晚大脑处于哪个睡眠阶段而定。睡眠一般分为四个阶段，其中前三个阶段是非快速眼动阶段睡眠，最后一个阶段是做梦时的快速眼动睡眠。

在睡眠的第一阶段，大脑的大部分员工还在工作，这个时候如果你被突然唤醒，那你就能很容易地清醒过来。

当睡眠进入第二阶段后，大脑的一部分员工才刚刚休息，如果此时需要醒过来的话，大脑员工们还没完全睡着呢，所以它们也能很快运转起来，因此你也就不觉得特别昏昏沉沉。

但是当睡眠进入第三和第四阶段后，大脑内除了值夜班的员工外，其他员工已经完全休息了。这个时候如果不幸非得起床，那大脑就需要花很长时间一一唤醒所有员工了。因此，这个时候醒来的人，他们基本都是一脸的"痴呆"状，处于"我是谁？我在哪儿？"的弱智力状态。而从这个状态到完全有能力执行任务所需要的时间是最长久的。

如果你在这样的状态中起床去执行复杂任务，比如开车，后果会很严重！许多昏睡驾驶事故多发生在清晨，很大一部分原因都是因为司机们才刚醒来不久，大脑仍然处于睡眠惯性中。

许多会议都设在清晨一上班时，而如果还要在会议上做出一些重大决策的话，其效果并不乐观。因为人在醒来后的头3分钟内，决策能力会下降到睡前最佳决策能力的51%。即使在醒后 30 分钟，决策能力也可能比最佳水平低 20%。

哈佛医学院研究睡眠的查尔斯·切斯勒（Charles Czeisler）和梅根·朱厄特（Megan Jewett）等人的一项研究显示，他们通过对被试进行的连续三天监测后发现，无论在哪儿，睡眠惯性都需要 2 ~ 4 小时才完全消失。尽管参与实验的人自认为在醒来后 40 分钟已经清醒，但他们的认知能力却要在好几个小时后才完全恢复。即使你通过诸如吃早饭、洗澡、把家里所有的灯都打开等事务来加快自己的清醒速度，其效果都不是特别尽如人意。大脑就是那么固执，无论时代发展到何时，它和它的员工们都坚持要将那套从远古时带过来的不紧不慢的时间表进行到底！

因此，如果领导们清楚了这一生理特点，那么今后做决策的时间点一定要掌握好。

为什么会延迟？

你很可能会问，为什么当一个人醒来时，大脑的其他部分都能很快活跃起来，而前额叶皮层却需要那么久才能干劲十足呢？这是因为褪黑激素，即一种睡眠激素。再进一步讲，其实是因为人体不喜欢半途而废！它需要足够的睡眠时间让身体的细胞恢复到最佳状态，所以，你的身体会更乐意让你完成 3 个或 4 个睡眠阶段，而不是 3.5 个睡眠阶段。因此，它派出了褪黑激素来帮忙。

于是当我们睡觉时，褪黑激素如潮水般缓缓涌上，所过之处，大脑员工相继困倦，除了几个值夜班的外，其余员工全部沉沉睡去。天光放亮时，每一缕光线又成了清扫褪黑激素的扫把，每扫一点，大脑便会清醒一部分。但是，褪黑激素退去的脚步是十分缓慢的，因此，它还覆盖着的部分还没清醒，这便是睡眠惯性存在的原因。如果睡眠惯性在醒来后持续几个小时，就会让人懒散且无法集中注意力。

要知道，我们上课、上班等社会事务是不能迟到的，而我们设定的起床时间与身体自然醒来的时间是不一样的，慕尼黑大学的时间生物学教授罗内伯格（Till Roenneberg）将这个时间差叫作"社交时差"。就在最近，罗内伯格根据65000多人的数据做出了新的估测，大约三分之一的人有严重社交时差，自然醒的时间与社交强制的起床时间平均有2小时以上的差距。有69%的人社交时差稍轻，也至少有1小时。

罗内伯格和心理学家惠特曼（Marc Wittmann）还发现，生物睡眠时间和社交睡眠时间的不协调会带来高额成本：酒精、烟、咖啡因使用的增加——还有，1小时的社交时差导致发胖的可能性相应提高约33%。"在'非自然'时间入睡和起床可能是现代社会最为普遍的高风险行为。"罗内伯格说。他还认为，睡眠时程不佳给身体系统造成的巨大压力是增加夜班工人患癌症、潜在心血管疾病以及糖尿病、代谢综合征等慢性病风险的原因之一。另一项稍早之前发表的研究是对医学院学生进行的，结果发现，睡眠时间点对学生的课堂表现以及临床医师职业资格考试成绩的影响比睡眠长短以及睡眠质量的影响要更大。实际上，睡了几个小时和自己是不是晨起型对结果来说都没多大关系，有关系的是几点入睡，以及几点起床。睡得太少肯定不好，但要知道，一气儿睡到天黑才起床也不好，可能还更糟糕呢。

虽然这是生理正常现象，但老板们可不这么认为。所以，我们必须想办法让"正常"生理现象尽量变得"不正常"些。

闹钟真的管用吗？

闹钟几乎是所有上班族起床前的劫难！也正因为它，我们才会深陷睡眠惯性泥潭脱身不得。研究表明，如果你使用闹钟，那么你的睡眠惯性率可能高达 89%。因为定时闹钟只能机械地在设定时间内叫醒你，但它无法知道你的身体正处于什么睡眠阶段。通常，你只有 9% 的概率会在睡眠阶段过渡到最佳时刻被唤醒。你可能一辈子都在玩这个轮盘赌，而且在大多数情况下早上都会昏昏沉沉。所以，你可能需要寻找一种能够感知人体睡眠模式的闹钟，能够在最佳睡眠阶段叫醒你。当然，这样的黑科技也许并不容易找到。我们还是另外寻找一些能使你在早晨昏昏沉沉中尽快清醒的方法吧！

1. 充足的睡眠

充足的睡眠？这几乎就是老生常谈。但确实是减少睡眠惯性的最佳办法。道理很简单，当晚上睡眠不足时，大脑中产生的褪黑激素就需要很长时间才能减少。褪黑激素在大脑中停留的时间越长，睡眠惯性存在的周期也就越长。另外，醒后稍坐一会儿再起身，对缓解睡眠惯性非常有益。

2.增加环境中的光线量

光线是褪黑激素的克星，而且研究也显示，亮光对减少睡眠惯性有肯定的作用。一些研究飞行员睡眠惯性的实验，采用的干预方式就是不同明暗程度的亮光。

3.增加环境中的声音量

起床后打开电视广播或者听段音乐，也能让精神为之一振。

4.增加肢体的活动量

很多人，尤其是赶稿子的人，通常都是直接从床上挪到书桌前。但是，通常都是心急却没效率地枯坐——以前的我就是如此。最聪明的赶稿人则是起床后开始收拾屋子，煮茶，做做早餐——现在的我就是这样。最少的活动量便是洗脸刷牙，这虽然是出于卫生需求，但对减少睡眠惯性也有一定的作用。有些人喜欢清晨洗澡，这应该算是最佳降低睡眠惯性的方法，因为洗澡会通过全身按摩促进血液循环，令大脑更容易清醒过来。

另外，最著名的睡眠惯性"疗法"是咖啡因和肾上腺素。咖啡因和肾上腺素可以刺激中枢神经系统，增加清醒度，其通过提高心率和血压来提高注意力。不过，这些只是帮助克服睡眠惯性带来的后果，而不是解决问题的原因。

此外，睡眠惯性不仅见于早晨，如果午睡时间过长，也会出现虽然醒了但反应还有些迟钝的感觉。因此，建议午休时间在一刻钟左右为宜，最好不要超过半小时。尤其那些下午需要到点就开会的人，千万要小心，否则被点名的概率会很大！

好消息是，睡眠惯性和社交时差的影响看来是能够调整的。研究人员要求一组青年展开为期一周的露营之旅，结果发现了一个意想不到的情况：在旅行开始前的几天里，参加实验的人会在入睡前2小时左右，也就是大概10点半的时候，体内分泌睡眠激素——褪黑激素；而在早上8点起床后，褪黑激素量下降。露营结束后，这一模式改变了：差不多在太阳落山时褪黑激素水平就开始增加，而太阳在刚升起时，褪黑激素水平开始降低，比之前的起床时间平均早了50分钟。另外，"野外时光"中，人们因为缺少人工光源和闹钟的原因而更容易入睡和起床：受试者的睡眠节律在日出后就开始为醒来做准备了，这样一来到了起床时间，他们就比过去以其他方式醒来时的状态要清醒得多。睡眠惯性基本上没有了。

研究人员最后得出的结论是，我们之所以大早上会感到昏昏沉沉，大部分是由错位的褪黑激素表达水平造成的，这是因为在目前的社交时差情况下，这种激素总是要到起床 2 个小时后而不是还睡着的时候消退。如果我们能让自己的睡眠时间与自然光的明暗模式同步，那起床就会变得非常轻松。

脑雾的产生与消除

如果你发现自己经常感到疲劳、心烦意乱、情绪低落，整日被"昏昏沉沉"笼罩其中，很可能你正处于某种"大脑迷雾"中。

我们不得不承认，尽管社会在不停地发展进步，但是我们的大脑却依然保持着非常原始的生活习性。想要保持它的健康，除了需要充足的休息和放松外，还依赖于摄取足够的维生素、矿物质、氨基酸、必需脂肪酸和来自复杂碳水化合物的葡萄糖。但是，今天我们吃到的许多方便但经过加工的食品和工厂化养殖的肉类以及我们花费时间的方式都不利于大脑的健康。由于我们的快节奏、工业化的生活方式（如营养不足、糖过量、睡眠不足和压力过大等），脑雾已经成为一种现代生活的附属品。

"脑雾症"基本上与感觉头脑冷静、乐观和积极背道而驰。脑雾让你失去灵感和快乐，降低你正常工作、生活的能力，如果这片迷雾持续不散，你就会越来越焦虑、抑郁。纽约医学院瓦尔哈拉生理学和医学系的研究人员认为："很有可能，脑雾的根源在于一种生活方式，这种生活方式会引发炎症和荷尔蒙失衡，而且压力会加剧这种失衡。"

脑雾的症状表现

虽然脑雾本身并不是一种疾病，但它是其他疾病的症状表现。首先，脑雾是一种认知功能障碍，包括：

大脑内存不足

头脑不清醒

注意力不集中

低能量或疲劳（包括慢性疲劳综合征）

易怒

焦虑

缺乏动力，感到绝望或轻度抑郁

头痛

健忘

混乱

失眠

锻炼困难

2013 年发表在《临床自主研究学会杂志》（*Journal of the Clinical autonomous Research Society*）上的一项研究 Wood

Mental Fatigue Inventory test（WMFI）收集了 138 名患有脑雾的受试者的信息。对脑雾最常见的描述是"健忘""混沌"和"难以集中注意力、思考和沟通"，而最常见的脑雾诱因是疲劳、睡眠不足、长时间站立、脱水和感觉虚弱。

是什么导致了脑雾？

1.睡眠不足

如果没有充足的睡眠，不仅身体会深感疲倦，大脑也更容易处于迷雾状态。

2.饮食不良

营养不良，糖、酒精、精制碳水化合物以及咖啡因过量，都会对大脑功能产生重大影响。

3.激素水平下降

在细胞水平上，脑雾被认为是由高度炎症和三种主要激素的变化而引发的。这三种主要激素是多巴胺、血清素和皮质醇。其中，皮质醇通常被称为身体的主要"压力荷尔蒙"，它使人保持清醒和警觉，而多巴胺和血清素使人保持快乐、动力和平静。

4.炎症发作

另一个增加脑雾症状的因素是炎症。不难理解，炎症是大多数疾病的根源。炎症是由免疫系统低水平的过度活动引起的，与抑郁症、阿尔茨海默病、痴呆和失眠等精神疾病有关。

根据 2015 年发表在《神经科学前沿》（*Frontiers in Neuro-*

science）上的一份报告，最容易患上脑雾的人包括那些患有慢性疲劳综合征、自闭症谱系障碍、乳糜泻、麸质不耐受症状或其他食物过敏、纤维肌痛症、肥大细胞增多的人。

所幸的是，脑雾被认为是一种可修复的症状。如果想重新获得清醒头脑、专注和快乐的感觉，就只能从解决基本问题开始，包括饮食、压力水平、睡眠和身体活动水平。

六种天然治疗脑雾的方法

1. 少吃含糖食品，合理补充健康的碳水化合物

少吃含糖食品（包括人造甜味剂）和加工食品，这是解决脑雾问题的第一步。

精制糖是引发炎症的帮凶，而水果蔬菜等高质量的碳水化合物却是遏制炎症的最佳解药。虽然蔬菜提供的葡萄糖较少，但它们富含抗氧化剂和维生素。研究表明，食用大量的水果蔬菜可以调节荷尔蒙，减少炎症的发生。

2. 保持稳定的血清素水平

血清素是一种荷尔蒙，它的主要作用是使人保持冷静、充满希望和自信。相对而言，如果血清素水平过低（这与摄入过量的低碳水化合物饮食有关），情绪方面就会变得更脆弱、悲伤、焦虑，以及缺乏安全感。

所以，如果从饮食方面考虑，每天坚持吃一些适量复杂的、未经加工的碳水化合物食品，如红薯、山药、水果、生乳制品和未经深加工的谷物……都对提高血清素有帮助。

3.摄入足够的蛋白质和健康脂肪

我们都知道人体的肌肉、骨骼、神经的良好运转都离不开蛋白质与健康脂肪的支持。但是我们所不知道的是，它们还能够帮助大脑分泌出足够的激素来促使我们的心态更阳光、更积极。所以，适量地吃一些肉、蛋类食品还是有益处的。盲目的低脂肪摄入其实并不是一种健康的饮食方式。

所以，正确的益脑饮食标准应该是：20%～30%的健康蛋白质（包括食草牛肉、散养鸡蛋、草养家禽和野生鱼类）；30%～40%的健康脂肪（包括椰子和橄榄油、鳄梨、坚果和种子）。

4.管理压力

如今，压力几乎成为日常生活的一部分，它让人分心、疲惫、精神不振，降低我们的生活质量。持续而高强度的压力会增加皮质醇的分泌量。适量的皮质醇代谢能够帮助身体启动应急机制，比如突然有狮子跳出来，你的皮质醇会督促身体立马逃走或搏斗。但如果分泌过量，它就会使人出现感觉兴奋但疲惫、体重增加、荷尔蒙失衡、性功能障碍、失眠、抑郁和进一步的焦虑等症状。

在现代社会，为了控制皮质醇，大多数人需要定期留出时间练习"减压技巧"，比如冥想、锻炼、写日记、阅读，以及长时间地与大自然为伍（这些方法我们都会在后面介绍到）。

你也可以做些自己喜欢的事情或尝试一项有趣的活动。

因为自己喜欢做的事会增加大脑中"快乐荷尔蒙"多巴胺的分泌。缺乏多巴胺会让你难以集中注意力、觉得无聊、缺乏灵感，更不用说它还会增加上瘾、学习障碍和精神疾病的风险。所以，建议你将做有趣的事情列入一天的安排中，即使只是很短的一段时间。

5.保持良好的睡眠

现如今，好好睡觉这么简单的事情都变得不容易了，并且睡眠不足还容易引发脑雾。另外，睡眠不足会提高皮质醇水平，这意味着你会变得更易怒，晚上也更难入睡。高皮质醇会降低多巴胺水平，使血清素难以正常工作，因此而导致不良情绪和不良行为的恶性循环。

6.以健康的方式锻炼

适度和有规律的运动可以释放天然的内啡肽，增强你的耐力、平衡激素，改善胰岛素抵抗，降低炎症，缓解压力，提高能量水平，从而获得更好的睡眠。

但是运动超量或者没有休息好就去运动，则会导致激素失衡，引发脑雾——这也是身体向你抗议的信号——它受够了！所以不要"强迫"自己做任何你绝对讨厌的运动，如长时间的有氧运动。

想睡就能睡的N种方法

我曾经是一个患有睡眠障碍症的人，为了能好好睡一整晚，我尝试了各种促眠方法，包括喝红酒、吃中西药、泡脚等。最终，让我的睡眠开始有了改善的原因是，我换了一份离家很近的工作。这使得我不再焦虑于清晨的遥远路途与交通状况的难以预测。所以我的睡眠障碍其实是源于怕迟到的心理压力，一旦压力消失，睡眠自然逐渐好了起来。

其实，任何形式的心理压力都会干扰睡眠。当人们遭受焦虑和抑郁时，睡眠困难等级将会增加10倍。因为焦虑和抑郁最基本的因素其实就是"压力"！所以改善睡眠其实就是改变心态，尽管这一点并不容易做到。但你可以试着先从改变外部环境开始，毕竟环境对心理的影响也是不可小视的。

1. 床，绝对要舒适！

很多人也许不会在意自己的床是不是舒服。但对于本就有睡眠障碍的人来说，这可是非常重要的。我曾经出差三天都住在同一家酒店，但是前两夜基本整宿未睡，浑身酸痛。到了第三天才找到原因，原来是床垫没有撕去那层光滑的塑料包装，以至于上面的被子一直都在滑来滑去，令身体整夜都在忙于调整睡眠姿势。所以，给自己准备一张舒服的床将是改善睡眠的第一步。

2. 灯控

睡前2小时把灯光调暗。明亮的光线会误导你的大脑，让它以为太阳正在升起，它就会停止释放能帮助你入睡的褪黑激素（一种有助于调节睡眠周期的激素）。所以，营造一个昏暗的睡眠环境是极为必要的。

3. 睡前一定要管住嘴！

睡眠不好的人，睡前最好与糖、咖啡因、酒精或其他任何让人情绪兴奋或低落的物质绝缘！睡前少吃一点是有科学依据的，如果大脑一边要忙着帮你消化食物，一边要放缓它的工作慢慢进入睡眠状态，这根本就是一件进退两难的事情。

4. 制定一个睡眠时间表并坚持下去

每天晚上在同一时间睡觉和起床有助于身体形成惯性，帮助你重置生物钟。

5. 不看手机，不看手机，不看手机！

睡前不要看手机、电脑、电视或其他屏幕。电子屏幕发出蓝光，会让大脑误以为那是下午三点。

如果你确实需要在睡前使用手机或电脑，那么你可以降低亮度，并使用一款过滤蓝光的应用程序。

6. 准备好"睡眠配件"

戴好睡眠面罩、耳塞能够有效地帮你排除干扰，我目前就受益于此。另外，舒适的床单、合适的枕头、舒服的睡衣也必不可少。你必须要让自己感觉非常舒适！

7. 多做运动

美国西北大学（Northwestern University）神经生物学和生理学系的研究人员报告称，一些久坐不动的成年人每周进行四次有氧运动的话，睡眠质量会有明显的提高。这些曾经的电视迷也报告说，他们白天的抑郁症状更少、更有活力，也更少困倦。

所以，每天只需 30 分钟的轻微或中度运动（增加你的心率）就可以帮助产生一种令人感觉良好和放松的内啡肽。最重要的是，锻炼可以帮助你更早入睡，并能支撑到清晨。

8. 噪声

令人惊讶的是，有些人喜欢在睡觉前弄出些噪声来。比如我爸爸，他能够在电视机的声响中呼呼大睡。这样的噪声被称为"白噪声"。所以，你也可以试试这些白噪声，比如舒缓的音乐，将电视音量调低（记得让它能在 30 ~ 60 分钟后自动关机）。当然，后者的选择可能并不是所有人都能接受的。不过，除此之外还有另一种噪声效果更理想，它是"粉红噪声"，如雨滴声、微风吹动枝叶的声音等。研究人员称，这种"噪声"不仅促眠，还能让人在睡眠中得以放松。

北京大学曾对"粉红噪声"进行过研究，他们召集了 50 名参试者，分别将他们置于粉红噪声和无噪声的环境中，并在其睡眠时对大脑活动进行了监测。

研究结果显示，有高达 75% 的参试者称，当他们处于粉红噪声环境中时会睡得更安稳；而大脑活动方面的数据也表明，睡眠中的人如果处于粉红噪声环境中，他们稳定睡眠的时间长度（最能让人得到休息的一种睡眠过程）增加了 23%，白天打盹的人稳定睡眠时间长度则会增加 45%。研究人员认为，声音在大脑活动和脑电波同步方面起到了重要作用，即使在睡眠状态下也是如此。粉红噪声稳定而又单调的频率能对脑电波起到放缓和调节作用，因此能让人得到安稳的睡眠。

推荐"噪声"音乐单：（Medwyn Goodall 的 *Ocean Meditation*。

9. 整洁

确保你的睡眠区让人感觉良好。如果房间里乱七八糟，这绝对会影响人的情绪，甚至带来压力，即使你已熟视无睹。但把东西整理并放在合适的地方可以创造一种秩序与平和感。

10. 不抽烟、不喝酒

相信我，睡前一杯红酒基本没什么作用，至少对我来说没有用。相反，酒精还会破坏你的睡眠模式和脑电波。梅奥诊所（Mayo Clinic）的研究显示，红酒一开始可能会帮助你入睡，但一旦酒精逐渐消失，你很可能醒来后再难入睡了。

11. 拒绝孩子与宠物

梅奥诊所（Mayo Clinic）的约翰·谢泼德（John Shepard）博士进行的一项研究发现，53% 的宠物主人每晚都会和宠物一起睡觉，他们的睡眠也因此受到干扰。另外，超过 80% 和孩子一起睡觉的成年人晚上也很难睡个好觉。宠物的敏感性和孩子们睡着后肆无忌惮的翻动，是让人睡不好的主要根源。所以，每个人都应该有自己的睡眠空间，请让宠物和孩子睡到自己的床上去。

12. 适当的温度

温带房间比热带房间更有利于睡眠。美国国家科学基金会建议睡眠时的室内温度保持在 18 摄氏度左右，可以降低人的核心体温，帮助你更快、更深入地入睡。

13. 如果遇到困难，洗个热水澡

你不必泡上几个小时，但是一个 10 ~ 15 分钟的热水澡可以放松你的肌肉，缓解紧张。

14. 阅读

我不知道你会怎么样，但是每当我睡不着时，阅读半小时后瞌睡虫就开始爬上双眼。但是，情节跌宕的小说就别带上床了，科普知识类的书籍才是促眠的最佳读物。

15. 不要把工作带到床上

工作本身就有一种压力感。床是用来放松和睡觉的！所以不要把工作带到床上。

16. 可视化

躺下来，脑海中想象一下你想成为什么样的人，越远越好，带着这个想法奔跑。什么是完美的你？你的理想状态是什么？把这种想法变成一个清醒的梦。

17. 活在当下

当你躺在床上的时候，把注意力转移到其他地方，避免一天的焦虑。别总想着今天出了什么问题，明天可能会出什么问题。活在当下，把注意力集中在此时此刻。

18.性

如果你有伴侣，那么考虑一下性。性爱是一种很好的减少紧张、压力的方式。这是终极的此时此地的活动！

19.呼吸练习

做一些呼吸练习，比如腹式呼吸和类似的技巧，可以让你的身体和大脑平静下来，不需要太多的准备或设置。就是有意识且心无旁骛地专注于自己的呼吸上——呼－吸－呼－吸……

20.睡觉前，学会清空繁乱的思绪

你必须花几分钟有意识地放松，深呼吸，放下这一天的负担。多和自己说"我要放弃对'如果……会怎样'的担忧"，多重复几次，你的潜意识会帮你慢慢放松下来。冥想，然后试一次。

睡眠是一件美好的事情。如果你试过了以上所有的方法还是睡不着，就需要去和医生谈谈了。最重要的是，如果你患有睡眠障碍，不要失去希望。积极主动地去寻找解决之道，比如像我一样尝试换份工作，也许就解决了呢。但无论怎样都要有信心和耐心。

Four
怎样驱散焦虑感？

如何辨识焦虑情绪与焦虑症？

每个人都会时不时地感到紧张或焦虑，比如在公共场合演讲，或者遇到了经济困难。但如果焦虑变得过于频繁，或极为强烈，以至于它开始入侵了生活的全部，这就有了本质的区别。

通常，人遇到压力时产生焦虑感本是个正常反应，在某种程度上，它还可能是件好事。因为适量的焦虑能够督促我们更好地完成任务、更努力地学习。而当我们身处险境时，焦虑感还能令头脑更警觉，加快你的反应速度。

但是，我们如何能知道自己每天的焦虑是否已经超越界限变成了一种障碍？也许我们可以尝试自查一下自己是否有以下 7 种症状和体征，若它们一直存在，那么我们就有可能患上了焦虑症：

我是否经常感到紧张、担心或不安？

我的焦虑是否会影响工作、学业或家庭责任？

我是否被我明知是非理性的却无法摆脱的恐惧所困扰？

我相信如果某些事情不以某种方式去做，就会发生不好的事情吗？

我是否因为日常情况或活动让自己感到焦虑而回避它们？

我是否经历过突然的、意想不到的、心跳加速的恐慌？

我觉得危险和灾难就在自己身边吗？

焦虑障碍的症状和体征

除了过度和非理性的恐惧和担心的主要症状外，焦虑症的其他常见情绪症状还包括：

忧虑或恐惧的感觉

注意危险信号

凡事总往最坏处想

注意力难以集中

感到紧张不安

易怒

感觉大脑一片空白

但是焦虑不仅仅是一种感觉。作为身体"战或逃"反应的产物，焦虑还包括一系列广泛的身体症状：

心脏快速跳动

出汗

头痛

胃部不适

头晕

尿频或腹泻

呼吸急促

肌肉紧张或抽搐

摇动或震动

失眠

以上诸多症状，如果你一枪未中，那么恭喜你，在这样一个快节奏的环境中还能保持自己的一份内心平静，实属不易，请好好珍惜。但是，如果你中枪无数，成了过度焦虑的奴隶，那么千万别犹豫，走出去，寻求帮助。

首先，你需要知道一个数据——在美国大约有4000万成年人患有焦虑症。而在2016年的国际权威医学杂志《柳叶刀》发表的一项研究结果显示：根据山东、浙江、青海和宁夏四省（区）的流行病学汇总资料推算，我国焦虑障碍患者人数多达5700万，这一数字还不包括18岁以下人群的发病人数。其中90%的患者未治疗。国家卫生健康委员会疾病预防控制局在2017年发布的信息中提到，全国焦虑障碍患病率在4.98%，总体呈上升趋势。焦虑障碍已成为我国一个严重的公共卫生问题。看到这样的比例，你应该知道，无论如何，你并非孤军奋战。

不过也别太担心，焦虑症是可以治疗的。事实上，它是所有情绪障碍中最可治疗的病症之一。

但是，由于这些症状特别容易与我们日常所认知的一些病痛感觉混淆，因此去医院诊疗时，别忘了再去找精神科的医生聊聊你的这些感觉。

你有"社交孤独症"吗？

人在生命早期，其实都是社会性动物。小小的婴儿注视着人们，转向呼唤他的声音的方向，亲切地握住一根手指，向你报以微笑。但是，当我们日渐成年后，当日子以惊人的速度流逝时，很多人却在整日匆匆忙忙间越来越不愿意多花时间与人交流了。如今的网络又使人从购物订餐都可以足不出户，这样的生活习惯越发使人失去了参加聚会或与家人朋友保持联系的动力。细想，我们当中有多少人能够享受到真正的友谊？随着时间的推移，当孤独与缺乏陪伴逐日深刻，成为一种流行的生活方式时，身体与心灵变得越发脆弱，谁也说不好自己是不是正处于精神疾病的边缘。

如何辨识你正处于自我孤立状态？

当一个人很少或根本不与他人接触时，就会发生社交孤立。具体特征可包括：

大部分或全部时间待在家里

拒绝人际互动

避免社交场合

孤立会产生许多负面情绪影响，包括增加悲伤、不安和孤独感。虽然孤立会导致孤独，但这两者并不总是同时发生。人们可能会发现自己经常是一种孤立的状态，比如社交焦虑或广场恐惧症。有些患有广场恐惧症的人在某些日子可能会因为太过焦虑而不敢出门。无论是孤独还是孤立都可能引起一系列的心理健康问题，比如：

抑郁症

焦虑

创伤后应激（PTSD）

边缘型人格

孤立和孤独的风险因素

如果一个人最近刚刚离婚，搬到了新社区后，他会因为失去以前的伴侣和社区而倍感孤独。此外，配偶去世的老年人也容易将自己独立起来。也就是说，任何人都有可能变得孤立或感到孤独。

但是，有些人则更容易受到孤独感的冲击。据英国剑桥大学的科学家 John Perry 表示："我们常常认为孤独纯粹由一个人的周围环境和生活经历所影响，但是研究表明基因也可能在发挥作用，即孤独是基因和环境混合作用的结果。"

带着如此基因却又恰逢经历了创伤性的生活变化、生活在动荡的家庭环境中、目睹或经历过家庭暴力或虐待的话，不难想象，他们对于孤独的感受会比一般人更为深刻且痛彻。

1. 被他人虐待或拒绝

孤立感通常会在一个不断被家人或朋友拒绝或虐待的人身上形成。虐待可以来自被取笑，被家人或朋友抛弃，被辱骂的语言折磨，这些长期受到心理攻击的人会主动将自己孤立，因为他们的环境让他们感到羞耻，觉得不能和别人谈论自己的生活，也是为了能够避开有可能伤害他的人，但同时不可避免地将那些可能的帮助者也屏蔽掉了。因此而产生的极度孤独感将直接导致抑郁症的发生。

2. 无法适应

某些身体上的残疾或过度内向的性格会让一个人觉得自己不适合融入群体。他们无法打破沉默，跨越障碍。这样的情况也会导致焦虑和抑郁。

3. 心碎

对于过于情绪化和敏感的人来说，分手或离婚导致的心碎感将会对心理健康产生严重影响。分手后的强烈孤独感和思念亲人的感觉对有些人来说可能很难消化。

4. 社交媒体

随着社交媒体的发展，人们越来越专注于虚拟社区和在线友谊，对于与家庭成员、朋友和邻居保持现实生活中的社会关系越来越不感兴趣。但研究表明，花太多时间在社交网站上会适得其反，这样实际上会让人感到更加孤独。

5. 老化

抑郁症是老年人普遍存在的一个症状。体力下降、活动能力下降以及久久挥之难去的疾病都会影响老年人的心理健康。而且，随着现代社会的社会结构变化，老年人的价值和重要性也变得更加模糊。在传统社会中，老年人在保存和传播社区风俗和历史方面具有重要地位。但是在现今的社会中，老年人被迫退居家庭和社区后，便成了一个被边缘化和排斥的群体，这尤其使他们觉得孤独与痛苦。

6. 独处

长时间不与人相处就会让人感到孤独。如果有人在家工作，他们可能一整天都独自待在家里，没有太多的社交活动，在这种情况下，他们可能会感到孤独。另外，有过被欺凌或被社会群体疏远的经历也更有可能带来孤独感。

如何发现谁有自我孤立倾向？

孤立！孤立绝对是许多精神健康问题的第一个迹象。如果发现某人突然开始远离朋友和家人，这便是自我孤立的一个明显的迹象，其背后一定隐藏着许多潜在问题需要去探究。所以，我们如果能敏感地捕捉到这一迹象，便能及时给予其帮助。

孤独会像身体疼痛一样影响大脑

当一个人经历身体疼痛时，大脑会记录下威胁和疼痛的感觉，孤独感会对大脑产生类似的影响，孤独感对身体产生的感受与真实的身体疼痛相似，因此大脑也同样将其归入与疼痛一样的记录册中，促使压力荷尔蒙皮质醇的水平从清晨开始便达到了一个异常高度，且在一天中从未回归到正常水平。然后它试图把这种感觉与一个原因联系起来。我为什么孤独？是因为没人爱我吗？是因为我是个失败者吗？这样的推论会让人越发地难过与困惑。所以，归属感不仅对友谊很重要，对生存也很重要。

1.增加患痴呆症的风险

长期的孤独会使大脑功能受到极大的负面影响，增加神经退行性疾病的风险，比如痴呆症。据观察，那些独居或住在养老院和老年机构的人比那些和家人住在一起的人更有可能患痴呆症。

孤独感会使患痴呆症的风险增加64%。反过来说，痴呆症或阿尔茨海默病的发病也会导致社交退缩和孤独——这是精神疾病的症状之一。

2.增加患心脏病的风险

长期孤独的人的基因会经历过度表达，导致长期炎症和心脏组织和血管的损伤，增加心脏病、中风和其他心血管疾病的风险。

炎症是人体的一项重要防御反应，短期炎症是对抗感染的关键，但长期的慢性炎症会增加患癌症的风险，因此，消炎药对那些无法摆脱孤独的人是有益的。

3. 缩短生命长度

孤独足以导致一个人的早亡。研究表明，与那些同家人或社区机构生活在一起的人相比，独居的人更有可能因中风、心脏病发作或其他并发症而早逝。

在老年人中，那些报告感到孤独、被拒绝的人死亡的概率增加了，尽管他们实际上并不是独自生活。即使我们排除了抑郁、生活状况等迹象，孤独与健康障碍之间的联系仍然存在。

4. 导致睡眠障碍

孤独感与睡眠有密切的关系，即使是微小的孤独感水平差异也会影响睡眠。据观察，孤独的人在睡眠方面会经历更多困难。

长期的抑郁和焦虑使他们无法入睡，孤独阻碍了宁静的睡眠，孤独的人会经历断断续续的睡眠，在晚上会被惊醒几次，进而导致睡眠障碍。

缓解孤独的有用建议

如何通过减轻孤独感来改善心理健康？参与社会活动和社交互动是最好的答案。对你的邻居说一声友好的"你好"就能为生活带来极大的改变，甚至可能使你摆脱长期的孤独。

1. 人际关系的重要性

是的，其他人可能会很烦人。但他们也是我们最大的安慰来源，大量的心理学都在强调人际交往的重要性。所以，如果你觉得孤独，最积极的做法就是向朋友和家人伸出援手，培养健康的友谊有助于减轻悲伤和孤独。

2. 制订一个计划，与孤独的心理和低落的情绪做斗争

可以做一个时间表，具体到几点开始要与朋友和家人在一起，这样可以强迫自己走出封闭的状态。

3. 把注意力集中在别人的需要和感受上

去关注关心别人的感受和需要，试着以某种方式帮助他们，这样可以帮助你忘记孤独的想法。

4. 寻找志同道合的人

考虑和朋友一起参加一项你通常不会参加的活动，以结识不同的人。找到和你有相同爱好与兴趣的人并不难，与他们一起享受远足、钓鱼和公路旅行等。

5. 要求介绍

有一种方法可以帮助你与他人建立联系，那就是让你身边的人把你介绍给新朋友。有一个共同的朋友牵线搭桥可以帮助你减少与人见面时的尴尬。例如，你可以告诉你的妹妹："当我们今晚去聚会时，你能把我介绍给几个人吗？因为我一个人都不认识。"

如果你要开始一份新工作，你可以让人力资源代表将你介绍给你可能需要认识的关键人物。

6. 学习新东西

扩充社交网络的一个好方法就是去学习一项新技能。与别人一起上课会使你有机会认识更多的人。例如，参加一个外

语班，让自己接触不同的文化，并与他人互动。还可以尝试一些像团队运动这样的活动，这会让你有机会进行一些体育活动，扩大社交圈。所以，花一些时间查找一下你所在城市是否有培训课程或活动类项目。

7.一定要在会议和聚会上露面

多为自己创造参加会议和聚会的机会，在那里你很可能会找到一生的友谊。

8.每天赞美自己

这一条看起来似乎有些俗套，但它确实是一种极好的心理暗示。例如，当你早上穿衣服时，你可以告诉自己："我是一个伟大的人，我将和我周围的人度过美好的一天！"

9.列出某人想和你在一起的所有理由

例如，你可以这样写："我古怪、体贴、有趣，而且善于倾听。"

所以，控制你的生活，让它变得有价值，摆脱孤独，如果你知道某个人是孤独的，然后你可以尝试与他联系，成为他的好朋友，尽你的努力，让他回到正常，健康地生活。

压力对身体的影响

你被堵在车流中，眼看着时间一分一秒地过去，而那项非常重要的会议已然迟到。此时，你的下丘脑——大脑中的一个小控制塔，决定发出命令：发送压力荷尔蒙！这些应激激素是触发你身体"战斗或逃跑"反应的激素。于是，你会感觉到心跳加速，呼吸加快，肌肉为行动做好准备。这种反应是为了在紧急情况下保护身体，让你做好快速反应的准备。在短期内，它是有益的。但是，如果这样的压力反应持续不断，日复一日，就会令健康堪忧。

压力是对生活经历的一种自然生理、心理反应。每个人都会时不时感受到压力。任何事情，从日常的责任，如工作和家庭，到严重的生活事件，如新的诊断、战争或亲人的死亡都可能引发压力。

如果这些压力水平持续升高的时间远远超过生存所必需的时间，它就会让身体出现各种各样的症状，如易怒、焦虑、抑郁症、头痛、失眠……

这些症状是怎样出现的呢？我们可以看看压力如潮水泛滥后流经的地方，身体内部都有哪些反应？

1. 中枢神经和内分泌系统

当压力感袭来时，中枢神经系统（CNS）负责决定你是"战斗抑或逃跑"。与此同时，下丘脑在释放了压力荷尔蒙的同时，释放了肾上腺素和皮质醇。这些激素使心跳加速，并将血液送到紧急情况下最需要它的地方，比如肌肉、心脏和其他重要器官，以保障身体有足够力量对付眼前的危机……

当感知到的恐惧消失后，下丘脑便命令所有系统恢复正常。可是，如果压力持续不断，中枢神经会因为忙于应对这一反应而无暇管控其他区域，于是暴饮暴食、酗酒以及社交退缩等行为就会趁机出来捣乱。

2. 呼吸和心血管系统

压力荷尔蒙会影响我们的呼吸和心血管系统。当压力来临时，呼吸急促，富含氧气的血液被送往身体各部。可是，高频率的呼吸却令那些有哮喘或肺气肿等呼吸问题的人越发难以呼吸。另外，当压力荷尔蒙让血管收缩，心跳加快，更多的氧气被转移到了肌肉上，虽然这样能让身体拥有更多的力量去采取行动，但血压也会随之飙升。压力感频繁而持久的话，心脏一刻不能放松，血压升高不降，伴随而来的便有可能是中风与心脏病！

3. 消化系统

在压力下，肝脏会产生额外的血糖（葡萄糖）来为身体提供能量。如果压力长期重雾不散，这种额外增加的葡萄糖将是个负担。时日一久，2型糖尿病就会伺机而动。

荷尔蒙激增、呼吸急促、心率加快也会扰乱消化系统。由于胃酸的增加，身体更有可能发生胃灼热或胃酸倒流。压力不会导致溃疡，但会增加患溃疡的风险，并导致现有溃疡的发生。

压力还会影响食物在体内的流动，导致腹泻或便秘。你可能还会感到恶心、呕吐或胃痛。

4. 肌肉系统

当你感到压力时，肌肉会绷紧以保护身体免受伤害。但如果压力一直存在，肌肉长时间得不到放松，就会导致头痛、背痛、肩痛和身体疼痛。随着时间的推移，这可能会引发一个不健康的循环。

5. 性与生殖系统

压力使身心俱疲。在持续的压力下，失去欲望是很正常的。虽然短期的压力可能会导致男性产生更多的雄性激素，但这种影响不会持久。

如果压力持续很长时间，男性的雄性激素水平就会开始下降。慢性压力还可能增加男性生殖器官感染的风险，如前列腺和睾丸的感染。

对于女性来说，压力会影响月经周期。它会导致月经不规律且疼痛感较强。慢性压力也会放大更年期的生理症状。

6. 免疫系统

你一定不知道，适当的感受压力居然还可以帮助身体避免感染和促进伤口愈合。也许是因为要应对危机，所以身体采取了紧急自我修复术。但是，随着时间推移，压力荷尔蒙却会削弱免疫系统，降低身体对外来入侵者的反应。所以长期处于压力下的人更容易受到流感以及其他病毒性疾病的感染。并且，压力还会延长你的疾病恢复时间。

几个老套却有用的减压术

武侠小说中常常将中医学上的穴位使用写得玄妙而神奇。现实中，即使不生病也可以多尝试一些这样的"武功秘诀"，比如感到有压力时，可以从头到脚为自己按压几个压力穴点，就能获得平静、安宁和欣快的感觉。

1. 头部

按压太阳穴是放松压力术中最简单的一个方法。同时，从头部两侧向内施加直接压力。以慢圆周运动的方式持续按压，然后轻轻移动手指。当你在太阳穴周围移动时，你会注意到压力逐渐消失，并且这个压力点也有助于缓解头痛。

2. 脖子

紧张的情绪通常也会悄悄藏身于脖子部位。所以，用些力度按压脊柱两侧的颈部肌肉，可以帮助身体赶跑这些紧张情绪。做法很简单——向内按压，然后松开，向上移动一小英寸继续按压。一旦到达头骨底部，再开始向下一英寸接着按压。为了避免让脊柱本身承受压力，一定记得只按压脊柱周围的肌肉。

3. 手部

持续按压位于拇指和食指之间的肌肉，可以缓解从肌肉抽筋、悲伤到焦虑的所有症状。所以请尽可能靠近骨头，在手的两侧施加压力。

4. 背部

久坐、久站或举着东西的人都会有背部紧张的感觉。此时最有效的舒松筋骨的方法是在背部与肘部之间的位置对脊柱两侧进行按压。由上而下慢慢按下去，注意别直接压在脊椎上。

5. 脚部

脚掌下方的压力点会让整个身体产生欣快的感觉。从这里开始，沿着足弓移动按压。你会发现身体在逐渐地放松中越来越"神清气爽"。

冥想减轻压力

越来越多的证据表明，冥想不仅可以减轻压力、疼痛、抑郁和焦虑感，还可以改善失眠状况，提高生活质量。

麻省总医院（Mass General）和哈佛医学院（Harvard Medical School）的神经学家萨拉·拉扎尔（Sara Lazar）是在偶然间开始了她的冥想项目研究。

为了参加波士顿马拉松比赛，萨拉·拉扎尔需要多做些伸展运动，于是她开始练习瑜伽。

最初时，拉扎尔觉得瑜伽可以帮助她伸展筋骨。但是，经过一段时间后，她开始注意到自己变得更冷静，在遇到困难时也能够很好地处理了。她说："我更有同情心，心胸更开阔，能够从别人的角度看问题。"所以她开始从神经科学的角度对冥想进行研究。

在她的第一项研究中，她观察了长期冥想者（那些有7~9年经验的人）和对照组（从不或很少冥想的人）。研究结果表明，与对照组相比，那些有深厚冥想背景的人，其大脑的几个区域的灰质增加了，包括听觉和感觉皮层及脑岛和感觉区域。

　　这是有道理的，因为正念冥想让你放慢脚步，意识到当下的时刻，包括身体上的感觉，比如你的呼吸和你周围的声音。

　　然而，神经科学家还发现，冥想者的前额皮质的灰质更多，它直接影响着决策和工作记忆的能力。事实上，当大多数人的皮质随着年龄的增长而萎缩时，研究中50岁的冥想者与那些只有他们一半年龄的人拥有相同数量的灰质。

　　拉扎尔和她的团队想要确定这些长期冥想者是否一开始就拥有如此多的灰质，所以他们进行了第二项研究。在这项研究中，他们让没有冥想经验的人参加一个为期八周的正念计划。结果显示，即使仅有8周的冥想，也能让人的大脑变得更好。其中，包括左海马区（参与学习、记忆和情绪调节）在内的多个大脑区域均有增厚迹象。

此外，新冥想者的大脑杏仁核缩小。杏仁核是大脑中与恐惧、焦虑和攻击性相关的区域。杏仁核尺寸的减小与这些参与者的压力水平降低有关。

冥想多久才能看到这样的结果？

在这项研究中，参与者被告知每天冥想 40 分钟，但最终平均每天冥想时间是 27 分钟。其他几项研究表明，每天只需 15～20 分钟，你就能看到明显的积极变化。

至于拉扎尔自己的冥想练习，她说"变化很大"。有时 40 分钟，有时 5 分钟。有些时候，完全没有。"这很像锻炼。每周锻炼三次很好。但如果你能做的只是每天吃一点点，那也是一件好事。"

事实证明，冥想可以让你拥有 25 岁年轻人的大脑。但可惜的是它无法给你一个同样年龄的身体。

聊天如吃药，可以抗抑郁！

当我们有了烦恼之事时，脑海中会不自觉地反复思考、琢磨。殊不知，这样的专注反而使烦恼越发放大，心理负担越重。所以，如果你觉得自己情绪低落、焦虑甚至深感抑郁，请停止翻考你的烦恼，尝试一下我推荐的一个最老套却最有效的方法——找人去聊个天儿！当然，重度抑郁症者另当别论。

许多研究发现，谈话如吃药，可以抗抑郁！这种方法在学术界有个一本正经的名字——"心理动力学"（话疗）。南阿拉巴马大学莫比尔分校的心理学教授拉里·克里斯滕森博士说："谈话可以帮助你掌握应对抑郁的技巧。"并且这种方式在很长一段时间内都是有效的，也就是说，谈话能够帮助你找到解决工作、社交和自尊方面的困难。

聊天有什么好处？

聊天的关键点是能让你"一吐为快"！与人聊天儿时，你会不知不觉将自己的现状、想法、感受及经历等都聊出来，这不仅可以帮助你自己逐渐养成思考自我感受的习惯，更重要的是，与人聊及你自己的处境，可以帮助你从讲述过程中逐渐找出或意识到真正困扰你的是什么，并探索出你能做些什么来改善现状。

别小看"说出来"这个过程，它是有科学依据的。研究表明，抑郁往往对抗抑郁药物和谈话疗法的结合反应良好。

什么时候会让我感觉好点？

话疗无法立竿见影，它需要一个过程。但随着时间推移，你就能够感觉到自己的心理有了变化。你可能会注意到处理人际关系变得越来越容易，你的整体情绪有所改善，或者你会觉得更能理解自己的感受和行为。

我应该与什么样的人聊天儿呢？

如果想用聊天来对付抑郁情绪，最关键的就是要找对与你聊天儿的人。

最佳人选当然是心理医生！因为心理医生可以帮助你学习如何管理抑郁情绪。可是，现实生活中，我们很难遇到这么专业级别的聊天儿对象。

最简便易找的聊天对象其实就是一个心态阳光、情绪饱满、积极向上的人。和这样的人聊天儿，你能够在不知不觉中受其影响，逐渐获得豁达、宽容等的人生观念，抑郁情绪便不攻自消。

另外，你还可以找一个让自己觉得舒服的人聊天儿。一个知心的朋友了解你最需要什么，他甚至比你的父母都明白该如何给你以何种支持。

当然，如果你感觉越聊越没意思，也许是因为选错了聊天儿对象。要知道一位指手画脚，处处都想手把手教你该如何的朋友，会束缚你的思想，使你无法畅所欲言。所以不妨多找几个朋友聊聊，总会有一个适合你。

聊天时你要怎么做？

1. 保持目光交流

在聊天儿时尽力提醒自己，一定要看着对方的眼睛。眼神也是一种无声的交流。如果你总是低着头，对方会误以为你并不喜欢跟他说话，进而降低了对方与你聊天儿的积极性。但也不要一直盯着对方，那样容易让人觉得尴尬而紧张。

2.相信一切肯定会变好

控制抑郁情绪的一个重要部分是，要"装"得好像你已经感觉好多了，即使你还没有真正好起来。开始你不会相信，但随着时间推移，肯定会有所改变！

真的想变得更好。尽管抑郁是痛苦的，但人们在保持抑郁情绪方面获得了主要和次要的好处。换句话说，有些抑郁症患者从痛苦中获得了某种快乐。卡拉苏说："主要的收获可能是向某人传达一个直接的信息，或者惩罚配偶或家庭成员。""其次的收获可能是获得同情，或者有借口不去上班。"一个好的治疗师的部分工作就是识别并切断这些收获。

3.养成良好的生活习惯

保持良好的睡眠，吃得健康而有营养，每天做一些能让你出汗、上气不接下气的运动。这样的生活方式能够让你拥有健康身体和稳定情绪。

强迫身体动起来

大脑是我们身体里最大的代谢系统，所以它每时每刻都需要能量。锻炼不仅能增加这种能量，提高认知能力，还能提升长期记忆力、注意力、推理和解决问题能力等。

你可以做任何活动，或激烈或轻松，随你喜欢。在一项研究中，每周5天、每次半小时的轻快散步对轻度至中度抑郁症患者大有帮助。

我们虽然不提倡"我抑郁，我运动"，但是有规律的锻炼确实可以改善我们的情绪、记忆力、注意力等方面。总之，运动可以彻底改变我们的生活质量。

1. 它让你快乐

锻炼能以多种不同的方式提升我们的情绪，包括提高与情绪相关的神经递质血清素和去甲肾上腺素的水平，以及神经激素内啡肽的水平。内啡肽是大脑分泌的一种天然吗啡，与"跑步快感"有关。

2. 它会释放与快乐相关的"感觉良好"化学物质

神经递质多巴胺与快乐和奖励有关。当你坠入爱河、中了彩票，或者锻炼时，大脑就会将多巴胺释放出来，让人快乐，感觉舒服。这便是有些人那么热爱运动的原因，因为每天都能通过运动获得"快感"，时间久了就容易"成瘾"！

3. 它能提高你的注意力广度

在人类身上被重复最多的发现是有氧运动增强了我们保持和转移注意力的能力。注意力是一种依赖于前额皮质的功能。事实上，仅仅一个小时的有氧运动就能显著地提高注意力。研究还表明，长期增加锻炼可以增强人们的注意力。

4. 这对你的大脑有好处

对啮齿动物和人类的研究表明，运动可以促进大脑中新血管的生长（血管生成）。因为大脑是身体中最大的氧气消耗者，大脑中的血管越多，就有越多的氧气可以更好地帮助我们做任何事情，这其中包括着从思考到观察，从感觉到运动。

5. 它帮助你的大脑成长

大脑中只有两种细胞：神经元和神经胶质。神经元（脑细胞）是大脑的主要工作细胞，而神经胶质是支持细胞。早期的研究表明，如果一只小白鼠的生活环境极为"丰富"——有很多玩具，可以到处跑的大空间以及能和其他老鼠一起玩耍，那么这只小白鼠的大脑外层（皮质）会变得更厚。

这些厚度的变化主要是由于新的胶质细胞的诞生。和肌肉一样，更大的大脑被认为具有更强的功能，额外的神经胶质细胞有助于这些功能的改善。

6. 它能帮助你长出新的突触

突触是一个神经元与另一个神经元交流的连接点。对小白鼠的研究表明，如果在复杂的迷宫中训练它们找到食物，小白鼠大脑运动区域的突触（脑细胞之间的连接）大小和数量都会有所增加。这些新突触的增多是因为这些动物有了一定的学习经历获得的。

7. 它能增强你的记忆力

自 20 世纪 50 年代以来，我们就知道海马区对记忆很重要。后来人们发现，如果让小白鼠每天都去跑步轮上跑一跑，就能够非常显著地提高其海马神经的正常水平，从而提高了小白鼠的记忆力。

8. 它可以调节情绪、战胜压力

一个令人兴奋的新发现是，海马区不仅对记忆很重要，它还与调节情绪有关。增加运动可以保护小白鼠免受大脑压力的破坏作用。

生气了？听一会儿音乐吧

"每当我感到害怕的时候，我就把我的头挺直。吹一支欢快的口哨，这样就没有人会怀疑我了。每一次，音乐中的快乐使我确信我不害怕。"……

你是否感到悲伤、沮丧或焦虑、愤怒？没关系，听一段你最喜欢的音乐吧，正如罗杰斯和哈默斯坦在歌词中写到的，音乐可以帮你赶走所有的郁闷与不快。不仅如此，音乐已被公认是一种天然抗抑郁药物，因为它同样能产生抗抑郁药物所能带来的快感。

音乐是如何提升情绪的？

1. 音乐可以使人快乐

当你感到沮丧时，音乐可以帮你走出那片情绪乌云。因为舒缓的音乐可以促进血清素的释放，那是一种促进幸福感和愉悦感的激素。它不仅能促进身体分泌更多的多巴胺（一种使人感觉良好的神经递质），还会影响我们的运动、情绪反应和感受快乐的能力。

另外，音乐也为去甲肾上腺素的释放铺平了道路。去甲肾上腺素是一种能带来欣快和兴奋的激素。有了这些让身体充满快乐的激素，你就不需要为了感觉更好而购买昂贵的抗抑郁药物了。

2. 音乐可以使人振作

幸存者乐队（Survivor）的《老虎之眼》（*Eye of the Tiger*）和凯莉·克拉克森（Kelly Clarkson）的《更强》（*Stronger*）等带有积极信息的歌曲充满了鼓舞人心的意义，每当你情绪低落的时候，扯着嗓子唱一唱"I Will Survive"能真正给你力量和动力让自己重新振作。这些歌曲中蕴含的信息——再加上唱这些歌曲带来的愉悦感——确实可以使人心潮澎湃。

3. 音乐可以消减压力

舒缓的音乐可以帮助我们放松紧张的肌肉，以及放慢我们的呼吸速度。有了这些生理上的变化，那些使人暴躁和喜怒无常的压力与焦虑会悄然褪去。在针对降低老年痴呆患者烦躁情绪的治疗中，舒缓的背景音乐能够很快地使这些患者平静下来。

4. 音乐可以影响情绪

即使一件让人难过的事情并没有真正出现，但是我们依然会借着联想的能力任由它肆意破坏着当下的情绪与心境，并在接下来的日子里一直沮丧下去。然而，面对生活中的艰难与不顺，我们还是应该选择生活中更为积极的一面，不是吗？那么，听一些自己最喜欢的音乐将是一个不错的开始。

格罗宁根大学（University of Groningen）的专家进行的一项研究显示，当人们听活泼的音乐时，会有一种"更快乐"的感觉。

5. 音乐可以改变脑电波

音乐不仅能改变你现在的心境，还能改变我们未来的情绪。即使关掉了播放器，刚刚听的音乐也能显著改变我们的脑电波。这意味着在接下来的几个小时甚至几天里都能保持积极的情绪。

6. 好心情 = 好生活

用音乐来改善情绪，不仅安全而且极为便宜，它的远期效果更是让人欣喜——密苏里大学的专家经过研究证明，音乐使人快乐的同时，自然也让人拥有了更好的性格，有了好的性格也就可以拥有更好的生活。在这项研究中，音乐在改善情绪方面具有里程碑式的作用。研究表明，有了更好的幸福感，人们会体验到更健康的身体、更大的关系满意度、更强的行为，甚至更高的收入。

有了音乐的振奋情绪的效果，你可能会问自己："听什么音乐最好？"

虽然大多数人推荐舒缓的音乐，如贝多芬和莫扎特的经典杰作。但研究表明，即使是最响亮的歌曲，如摇滚乐和垃圾音乐，也能让人感觉积极向上。总之，不管你是喜欢流行音乐、新浪潮音乐、软摇滚还是其他类型的音乐，都可以找一些自己最喜欢的音乐来感受快乐，特别是在糟糕的一天之后。

并不是所有音乐都能让人高兴

虽然前文说到摇滚乐和垃圾音乐，也能让人感觉积极向上。但是严格地讲，这类音乐其实并不适合所有人。事实也确实如此，某些类型的音乐几乎能让每个人都感觉更糟糕，即使有人坚称自己喜欢它。在一项针对144名成年人和青少年的研究中，被试者们听了4种不同的音乐，结果发现，垃圾音乐导致了整个群体中充满了敌意、悲伤、紧张和疲劳，其中包括那些自称喜欢垃圾音乐的青少年。而在另一项研究中，大学生报告说，流行音乐、摇滚、老歌和古典音乐使他们感觉更快乐、乐观、友好、放松和平静。

另外，如果你希望从音乐中获得快感，就要屏蔽一些"悲伤"音乐。在一项实验中，研究对象被分成两组：一组听欢快的"快乐"音乐，而另一组听忧郁的"悲伤"音乐。听"快乐"音乐的人在听了之后感到快乐。听"悲伤"音乐的人反而感到悲伤。不仅如此，人们的思维确实在听音乐之后发生了变化。并且变化得令人惊讶，那些听悲伤音乐的人能记住更多发生过的不好的事情，而且对自己能否完成简单任务的能力缺乏信心。

所以，音乐确实能够改变情绪，只是改变的方向有时候南辕北辙。因此，选择音乐的类型及摄入量要像选择食物和朋友一样谨慎。毕竟不是所有的音乐都能令人快乐！

花时间在大自然中

诚实地问问自己：最后一次真正全身心地置身于大自然中，陶醉于树木点缀的星辰下是在什么时候？也许你从来都没有过？这很有可能！

在这项研究中，加拿大雷吉纳大学的学生被安排在一间没有窗户的实验室里，与一组坐在"城市公园"长椅上的学生进行对比。不出意料，体验了5～15分钟自然环境的静坐者报告说，他们的情绪状态"得到了改善"，即使只待了5分钟，也依然有变化！

城市为什么不能让人更健康？

城市环境之所以容易使人疲惫，是因为它到处充满了刺激，使大脑时时处于分神状态，如果想集中注意力做一件事，就需要大脑努力将自己从各种干扰中摆脱出来，而这就意味着它需要支配更多的器官来完成这样的任务，因此身体的自我恢复能力就变得越来越差。这就是城市环境容易使人疲惫的原因之一。

而自然则不同，自然中的一切变化，如草木的生长、阳光的移动、动物们的悄然回避等都是在静态中缓慢变化的。大脑中不需要一刻不停地安排各个部门去应对种种"险情"。因此，身处大自然中，大脑更容易专注在某一件事情上。研究人员也通过测量大脑活动的研究证明了这一点。当参与者观看自然场景时，大脑中与同理心以及爱相关的部分被激活，但是当他们观看城市场景时，却是与恐惧和焦虑相关的部分被激活。这也进一步说明了大自然确实能够激发我们的内心感情，会让我们变得更宽容。

身处大自然中时，我们的大脑有哪些变化？

1. 它可以对你的精神健康产生持久的促进作用

位于英格兰的埃克塞特大学医学院（University of Exeter Medical School）在 2014 年进行了一项长期研究发现，搬到绿化地区的人心理健康状况立即有了改善，精神压力也更小，其身心健康的持久力也更强，即使离开绿化地三年后仍能保持其效果。

不仅如此，绿地对人体的健康益处还包括改善心率和血压、降低胆固醇水平、改善睡眠，以及降低 2 型糖尿病患病率，最终降低了总死亡率。

除了身心健康受益之外，居住在绿地的人社区意识更强。这些居住地的人们更愿意关心和帮助彼此，他们的归属感比那些居住在缺少树木的建筑物里的人更强烈。另外，绿地还帮助人们降低了街头犯罪的风险，减少了家庭伙伴间的暴力和侵略，能够更好地应付生活中的压力。

这样的研究成果已然成为城市整合更多绿地用以改善公共健康的依据。首席研究员伊恩·阿尔科克博士在一份声明中说："这些发现对于城市规划者考虑在城镇中引入新的绿色空间是很重要的，因为这样可以为当地社区提供长期而持久的健康服务。"

2. 它可以帮助大脑"安静"下来

斯坦福大学的一组研究发现，与在嘈杂的高速公路附近散步 90 分钟的参与者相比，从绿色公园穿过散步相同时间的参与者，其大脑表现得"更安静"。而且，在后续的脑部扫描和问卷调查中也显示出，他们对生活消极方面的关注更少一些。因此，他们得出了确定的结论——在大自然中行走对改善整体情绪有着非常直接的影响。"大自然的沉默能让人平静下来，让人有机会接触到自我的核心。"

3. 不同的自然"层次"可能有不同的影响

在另一项研究中，研究人员对三个"环境"做了监测：第一个环境是荒野，第二个是公园里的绿地，第三个是"建筑环境"（如室内健身房）。最后发现，身处两个绿色环境中时，受试者的生理和心理压力标记值呈下降水平，且处于荒野环境的人压力水平下降得最为显著。所以，如果你想充分利用你的户外时间，远足或野营将是你最好的选择。

4. 有助于改善短期注意力功能

生态心理学家朱迪思·黑尔瓦根和戈登·奥瑞斯向世界各地不同年龄和不同文化背景的人展示了不同种类的自然和都市风景照片。几乎所有的人都钟爱于看起来像大草原的风景照片。而相对于不同的都市建筑照片，人们更加偏爱于最为简单朴实的自然景色，对平坦的田园风光的喜爱要远胜于时髦的都

市街景。

研究还表明，在短时间内接触自然照片后，老年人（64～79岁）和大学年龄的受试者（18～25岁）的执行注意力都明显提高。而在树林和大自然中散步则可以提高20%的短期记忆力。

在另一项针对多动症儿童的研究表明，在大自然中度过的时间会延长他们的注意力持续时间。

自然愈合

如前文所述，置身于大自然中可以帮助我们降低愤怒、恐惧和压力，提升愉悦感。接触大自然不仅能让人拥有更好的情感体验，还有助于降低血压、心率、肌肉紧张和应激激素的产生。公共卫生研究人员斯塔马塔基斯（Stamatakis）和米切尔（Mitchell）等科学家表示，它甚至可能降低死亡率。

　　在医院、办公室和学校进行的研究发现，即使房间里有一株简单的植物，也会对压力和焦虑产生重大影响。而得克萨斯大学的工艺设计和保健系统中心主任罗伯特·乌尔里希的一百多项研究还表明，即使一些看上去与大自然联系并不紧密的事物，都能够让我们感觉更舒服。

　　在宾夕法尼亚州的医院中，他对胆囊手术患者进行对比测试时发现，其中一部分患者的病房内装饰了很多树木图像，而另一些患者则住在普通病房。参加实验的患者具有相同的年龄、体重和健康状况。在带有树木图像的病房中，患者恢复得更快，服用的止痛药品更少，很少需要帮助，并且术后留下的后遗症也相对较少。罗伯特·乌尔里希检测到，即使只是简单地看一下这些树木的图像，患者都会得到缓解，血压也会下降。

为什么人在大自然中会更健康？

　　大自然中没有笔直的线条，曲线和波浪线会使我们得到放松。波浪的曲线、游鱼的身躯、随风拂动的青草、自由翱翔的飞鸟、团团飘聚的云朵，都是源于大自然的"镇定药品"。研究表明，笔直的线条会给我们带来终结、过分的理性或者死寂的感觉，而曲线会让人感受到生命、精神和无限。美国国家航空航天局（NASA）的研究也表明，通过观看波浪的图案花纹，人们可以得到舒缓放松。机智的航空公司利用这一特性，在旅客座椅上装饰精美飘逸的波浪花纹。在漫长的飞行旅程中，旅客的目光必定会注视到绘制在座椅背面这些欢快的花纹。

在屏幕前待太久是致命的

　　"自然剥夺"（Nature deprivation）指的是我们待在自然界的时间越来越少。现代的城市生活使得我们将大把的空闲时间都耗在了电视、电脑及手机屏幕前。而且，令人意想不到的是，经研究证明，这些投入在屏幕上的时间会降低我们的同情心和利他行为。也就是说，如果我们长期地让自己沦陷于屏幕之中，我们可能更易变成一个冷酷而自私的人。

　　此外，2011 年发表在《美国心脏病学会杂志》（*Journal of the American College of Cardiology*）上的一项研究还表明，花在屏幕上的时间与死亡的风险成正比，而这一风险却与身体活动多少无关！

户外活动的好处

犹他州杜彻斯尼市有个第二自然荒野项目（Second Nature Wilderness Programs），其主要目的就是利用自然环境帮助人们控制重度抑郁症的症状。它的负责人里德（Reedy）博士说："人们通过在自然环境中迎接挑战和解决问题，自尊和自我效能感得到了提高。"

除了自然对抑郁症状的镇定作用外，户外活动还给我们提供了一个锻炼的好借口，这是帮助控制抑郁的另一个重要方法。2013年发表在《极限生理学与医学》（*Extreme Physiology & Medicine*）杂志上的一篇研究综述称，锻炼能增强内啡肽（一种能引发愉悦感的天然身体化学物质），但户外锻炼还可以提高自尊，减少抑郁、愤怒和紧张的感觉。即使只在户外待5分钟，也能显著提升情绪。

所以，把锻炼的效果和户外活动的好心情结合起来，你就能满足身体的生理和情感需求。研究人员还指出，前5分钟的户外运动带来的好处最大，这证明你不必花几个小时在户外来收获回报。

"绿色出行"有助于缓解大萧条

迪克·塞德奎斯特（Dick Sederquist）是一位狂热的徒步旅行者。这位退休工程师出身的作家兼励志演说家在需要精神激励的时候就会去远足。

"在我最沮丧、失去希望和自尊的时候，徒步旅行给了我具体的目标、实现这些目标的满足感，以及规划和实现未来目标的希望之源。"塞德奎斯特说，"徒步旅行就像进入一个时间机器，一种永恒的体验。在森林深处，远离交通噪声，你能感觉到的只有自己的呼吸和周围的环境。你不可能被日常的烦恼和担忧分散注意力。"

克里斯汀·卡尔普（Kristen Kalp）正与重度抑郁症做斗争，她享受着大自然帮助自己控制情绪的种种益处。卡尔普说："我在自然中进行散步、慢跑，再做一点瑜伽或躺在草地上冥想。这样能使我的头脑更加清醒，精神也能随之振奋，我也越来越能够专注于当下的生活了。"对她来说，与水亲近尤其具有治疗作用。她说："比起几周的谈话疗法，脱掉鞋子仅仅是在河里蹚蹚水，就能使我的精神彻底放松。那一刻让我觉得自己遇到的所有问题似乎都没什么大不了的，压力感也降低了。"

最大化自然对抑郁症的益处

里德说，无论你是患有严重抑郁症，还是只想改善自己的情绪健康，都要开始寻找每天到户外活动的方法。用你所有的感官来吸收自然。听听小鸟的叫声，闻一闻刚割下的青草的味道，把脚趾伸进池塘或小溪里。如果你经常在健身房锻炼，就试着转移到户外去锻炼吧——散步、慢跑、远足或骑自行车。即使只是出去吃个饭，也能让你的情绪获得改善。

有时候，仅仅是晒晒太阳，呼吸一点新鲜空气，感受一下你的脚趾在草地上的感觉，也能缓解你的抑郁与不快。

抑郁了？听一会儿音乐吧

对于音乐的强大作用，尽管科研领域已做过诸多研究。但是我们在日常生活中其实并没有特别在意过。各个单位与机构也没有真正地将其运用在员工身上，即使它具有让人振奋、使人平静等功效。也许，只有酒吧与餐厅暗谙其道，知道用喧闹的音乐来诱骗用餐者多吃、多喝、多消费。

即使如此，我们也依然想再聊聊音乐的种种好处。例如：音乐确实能让人快乐，能帮助身体降低痛苦感。

音乐能唤起许多情感。我们都知道一首欢快的歌曲对情绪有着很强烈的感染力。听音乐不仅能改善心情，还有助于提高生活质量。《积极心理学杂志》(*Journal of Positive Psychology*)上发表的一项研究表明，只需要短短两周的时间，音乐就能够帮助我们改善自己的情绪和提升整体幸福感。因为当我们听音乐时，大脑会释放多巴胺，这是一种神经递质，有助于控制大脑的奖励和快乐中心。它还是一种与动机和成瘾有关的化学物质。也就是说，人们喜爱音乐的原因与我们被性、毒品、赌博和美食所吸引的原因大致相同。这是由于多巴胺是一种自适应的奖励诱导分子，能促使动物在饥饿前就知道去寻找食物。这就是有些人路过附近的面包店时，根本无法克制自己走进去的冲动的原因。当海洛因成瘾者看到针头进入皮肤时，甚至在毒品进入他们的静脉之前，他们就会感到一阵兴奋。所以，喜欢听音乐也是如此，当音符飘入耳际时，你的音乐瘾犯了！

蒙特利尔麦吉尔大学（McGill University）的神经学家瓦洛丽·萨利姆普尔（Valorie Salimpoor）说："我们从中获得的强烈快感实际上在大脑中得到了生物学上的强化。"萨利姆普尔和他的同事将音乐带来的愉悦与强烈的情绪唤起联系起来，包括心率、脉搏、呼吸频率和其他测量数据的变化。随着这些身体变化，人们经常报告有颤抖或发冷的感觉。当这种情况发生在听音乐的过程中时，萨利姆普尔的小组发现血液流向了大脑中分泌多巴胺的区域的证据。

有趣的是，发表在《公共科学图书馆》（*PLOS*）上的一项研究表明，音乐无论是快乐的还是悲伤的，都能影响我们对世界的感知。研究人员让参与者在听快乐或悲伤的音乐时分别识别出快乐和悲伤的面孔，当这些面孔的表情与音乐的感觉相匹配时，参与者似乎更容易正确识别出面部表情。当播放快乐的音乐时，参与者经常报告他们在脸上看到了快乐的表情；当播放悲伤的音乐时，即使没有明确的表情，他们也依然报告说看到了悲伤的表情。这意味着音乐可以直接改变我们感知世界的方式。

这项研究真正要说明的是，音乐确实能影响我们的情绪以及我们对待周围人的方式。因此，通过积极的音乐，你可以改善与同事、亲朋的人际关系，使工作与生活更和谐，进而为自己创造更快乐、更充实的生活。

Five
摆脱情绪低落的状态

坏情绪就像滚雪球

一位认知行为治疗师说："坏情绪就像滚雪球一样滚下山坡。""你可以找出是什么把它推下了山，但真正重要的是什么让它继续滚动。"

一旦心情不好，一切都会变得更糟。因为我们的情绪是会外向扩散的。如果我们拥有的是一片阳光灿烂的好心情，那么它将有助于推动我们更好地去完成任务。理想主义的口号是有道理的："不惜一切代价避免消极。"如果你想在生活中完成了不起的事情，就必须"努力"让自己保持一个好心情。是的，必须要努力！因为消极的感觉总是比积极的感觉更容易抓着我们不放。知道了这一点，你就必须要更加小心谨慎地处理你的日常情绪，即弄清楚"是什么让它继续滚动"，这样才能彻底摆脱它。坏情绪可能是邪恶的，但如果你知道了是什么导致了坏情绪，你就能从阴郁的乌云中走出去。当然，无论怎样，我们最终总能振作起来。但是如果能快一点扭转，不是更好吗？所以，我们必须得采取一些措施来改善情绪，而首先要做的就是找出导致这种坏情绪的原因。

1. 情绪不好？这得怪天气！

每当情绪不好时，我们可能都很少注意到天气在其中扮演的角色。但是，天气对我们情绪的影响效应却是显而易见的。晴朗的日子里我们基本上都是欢悦的，而阴沉的雨雪天气则真的是让人觉得自己的情绪似乎都变得"湿乎乎"的。关于天气对人情绪的影响，早在1974年的时候，瑞士巴塞尔市的1.6万名学生就参与过一项此类研究，研究人员发现18%的男孩和29%的女孩对特定的天气条件反应消极。他们表现出疲劳、烦躁、易怒和头痛的症状。

2005年的一项研究表明，宜人的天气（较高的温度或气压）——在春季，受试者在户外的时间更长——这与较高的情绪、更好的记忆力和"开阔"的认知方式有关。不过，也不是所有人都对天气如此敏感，2011年的一项研究显示，415名受访者中有一半受到天气变化的影响，而另一半则没有。有趣的是，容易受天气影响的一群人中甚至还因此衍生出一种特别的天气性格。他们是：

1. 夏日恋人（17%）——在阳光明媚、气温较高的日子里，他们会变得更快乐、不易产生恐惧或愤怒等情绪。

2. 讨厌夏天的人（27%）——当气温和日照的比例更高时，他们会更不快乐、更恐惧、更愤怒。随着降水时间的增加，他们往往会更快乐、更少恐惧和愤怒。

3. 讨厌下雨的人（9%）——在降雨量较多的日子里，他们的幸福感较低，更容易生气，也更不快乐（我父亲属于此类型人，每到阴雨雪天时，他总是抱怨连连，也更容易情绪烦躁）。

2. 生理期的综合征

由于雌激素和黄体酮等激素的失衡，女性的情绪会在月经周期的前后一周发生变化。她们可能会变得易怒、易伤感……但是，这都是大自然母亲的杰作，有时候真的是难以自控的，所以请体谅她们。

另外，更年期内男女（是的，男性也有更年期，只是表现没有女性那么明显）的情绪波动也都很大，他们会变得焦虑、烦躁，有时甚至就是瞬间发怒。

选择性找乐儿

在这个信息时代，我们可以选择自己去看什么、读什么、听什么、玩什么、学什么——这都是免费的。那我们就完全可以为自己选择一些能够帮助我们变得更好、感觉更棒的内容。所以为什么不这么做呢？

每当我心情不好的时候，我就会去一个有很多猫咪趣闻的网站逛逛。动物们的天真与可爱使人觉得很多事其实都是我们想得太过复杂了。

运用批判性的思考看待情绪

处理坏情绪的一个方法是明白我们的任何感觉都是短暂的,它就是一阵狂风,总会过去的。你现在感到情绪低落吗?没关系,再等一会儿。事情会改变,人也会改变。这是真的!

只要记住,每次你觉得自己快要崩溃的时候,你都要尽量把那些消极的情绪转化为积极的情绪。如果你让坏情绪控制你,就很可能会做一些令你后悔的事情。

你可以把坏心情想象成一群苍蝇在你的餐桌上野餐。而你的直觉反应也常常会是:

为什么这个世界这么不公平?

凭什么只有我的桌子上落苍蝇?

……

但是,如果你换个角度问自己的话,心情可能就不一样了:

发生了什么?

我能做什么?

下一步我准备做什么?

这是两组不同的问题。

第一组问题是问为什么生活中会有问题(为什么它们会发生在你身上)。这个问题除了让你的情绪进一步低落外,基本不能解决任何事情。它只是突出了"不幸"的原因,迫使你沉湎于过去，扼杀了采取行动的动力。

所以第二组则是面向未来。你可以通过检查哪里出了问题来学习，然后想出方案解决问题，希望它们不会再次发生。

回答第二组问题时，你可以从现在开始寻找一些简单的解决方案。

也就是说，你桌子上有苍蝇也许是因为桌子上有腐烂的垃圾；也许是因为窗户是开着的；或者是后院需要打扫一下；又或者它们来自邻居。

在寻找各种原因的过程中，解决的方案其实就已经隐含其中了。你甚至可能会对你所找到的答案感到惊讶。

创造合适的环境

为你的大脑在最佳状态下工作做好准备的第一步是创造合适的环境。康奈尔大学（Cornell University）发表的一项研究报告显示，这样做有助于激发最有益的意识状态。但什么是合适的环境呢？

1. 温度

佛罗里达州一家大型保险公司测试不同的办公室室温对人的影响时发现，温暖的温度会让人更快乐、更警觉。根据这项研究得出结论："当温度低于 20 摄氏度时，员工犯的错误比室温在 25 摄氏度时多 44%。"

2. 光照

自然光能调节人类的生理节奏，对心理与身体的影响极深。但是，许多写字楼内即使是在白天也都以人工照明为主。事实上，研究人员发现，过多的人工照明或昏暗的灯光会显著降低人的皮质醇水平，这意味着人更容易感受到压力，而且维持精力水平的能力也会变弱。因为这些色彩欠缺、色调单一的LED灯都是使用蓝光激发黄色荧光粉，混合色光后得到的白色光。如果这当中的蓝光成分过高，再长时间地身处其中，那么蓝光就会穿透人眼的晶状体到达视网膜，加速黄斑区细胞的氧化，进而造成光学损害，即容易产生视觉疲劳和心理压力。另外，如果全天都使用人工照明的话，也不环保。

有一个案例可以说明灯光的影响力有多重要。伦敦一家工厂的女工经常缺勤，后来调查人员发现，照镜子时偏蓝的灯光使她们的脸色显得发青，看起来像生病了一样。这听起来有点让人难以置信，但确实是这样的蓝色让她们感觉身体不适。自从换成全光谱灯之后，女工们缺勤的情况就逐渐好转了起来。

3. 色彩

在人体内，色彩会唤起生理化学反应，直接刺激着脑垂体和松果体。脑垂体分泌的荷尔蒙影响着性活动、新陈代谢、食欲，也对我们的情绪、情感和行为产生影响。如果使用得当，色彩有助于治疗心理疾病，恢复内心平衡，刺激积极的潜意识。通过改变色彩，我们不仅能改变心情，还能提高生活质量。每一种色彩都有其特定的作用，或刺激，或压抑。

现在就抬头环顾一下你的工作场所，看看有多少色彩存在其中。大多数都只是白色的墙与灰色的格子间，对不对？

在伦敦另外一家工厂，自从灰色的机器被涂成了明亮的橙色后，员工们的工作热情普遍有所提高，生产事故也减少了，原本散漫的工人也变得积极起来。

不过这家工厂的食堂墙壁是淡蓝色的，尽管空调很好，室温保持在21℃，但员工还是抱怨很冷，甚至有人穿着厚外套就餐。即便食堂的工作人员将室温调至24℃，仍然有人抱怨不够暖和。最后终于明白，其原因出在墙壁的颜色上。于是他们将墙壁刷成橙色。温度还是24℃，人们反而觉得挺热，当室温调回21℃时，大家都感觉很舒适。在美国的一家工厂也出现了相同的问题，在将白色墙壁涂成了淡珊瑚色后，抱怨就马上停止了。同理，在室温较高的环境中，墙壁涂成冷色可能更适合。嗯，也许我们的墙壁颜色随着季节变化而变化会更好些。

以上工作环境的创造需要建筑负责人或办公室管理者的参与才能完成，个体是无法左右的，如果是这样，那我们就没有一点办法了吗？不会！虽然我们没有大环境的决定权，但我们依然可以通过改善自我小环境来让自己舒舒服服地工作，办法如下。

1. 消除干扰

无论你在哪里，如果你有事情要做，最好的开始就是先找出最让你分心的事情。我的小黄猫就是一个让人特别分心的小家伙。所以，当我准备开始工作时，我会将它和它的小鱼干关在另一个房间里。这样，我就能把注意力全部放在工作上了。所以，当你专注于手头的工作前，一定要先将容易分散注意力的因素，如宠物、零食、电子设备、杂物等，全部从眼前移开。

你的周围应该摆放一些能激发创造性反应的物品，比如书籍、照片和励志名言。如果环境中充满了积极的因素，你会发现自己的思想更容易流动。

2. 整理你的空间

既然要移开干扰源，就必须要做点清洁工作。要知道，能置身于一个没有昨天的咖啡杯，没有文件四处散放的干净房间，感觉是非常棒的。这之后伴随而来的便是内心的平静与高效的工作状态。

清理要点：将杂物从你的空间中清除！它们会吸引你的眼球及余光，使你从想要完成的事情上分心。桌面上只留一支笔、一个笔记本、便利贴，以及正在喝的东西。

3. 起床后锻炼身体

锻炼是非常重要的一步！不仅对身体、精神和思想有好处，还可以帮你尽快从睡眠惯性中摆脱出来，为大脑提供能量。一个昏沉的大脑干不出漂亮的活儿！我在家工作的日子里，常把早晨刚起床的时间用来洗衣服。

4. 音乐

音乐可以很好地将你带入正在做的事情中。当然，有些人可能更喜欢安静的工作。但是，对更多的人而言，具有节奏感的音乐可以与大脑的共振频率相一致，这样可以通过音乐节奏来调节大脑的兴奋度，使大脑或激情满怀或平静如水。

不过工作时，还是建议你以背景音乐为主，如轻音乐或电影中的配乐。我相信处于音乐中的你会更有灵感！

5. 放下手机、微信及其余社区媒体工具

如果媒体工具是你工作的一个关键组成部分，自然需要保留……但是说真的，你是不是经常在查看工作留言时，又顺便翻看了若干条杂闻？

我自己就经常被拉入这个虚拟黑洞耗时无数，所以我非常清楚时间是怎样消失的！可是一旦我为自己设定了具体的工作与休息时间后，我发现我完成工作的效率明显提高了。

　　我的办法是，先为自己的电脑设定一个工作时间和休息时间的闹钟，到某个时间点该工作或休息了，我会立即执行。另外，我还设定了一个电脑使用规则，即只打开相关的标签页；只在与工作相关的时候使用手机；只在指定的时间内查看和回复留言，这样我就不会在一天里分心 100 次。

　　6. 整理你的电脑文档

　　过去，我电脑中的文件混乱不堪，每次寻找一个文件都需要耗时很久。可是，自从我对文件进行了大"清洗"，正确地标记了照片和文件后，工作效率立刻提升了一个新高度。这一清理过程可能异常繁重，需要几天甚至几周。但是，这一付出非常值得。

　　7. 安排好吃饭和喝咖啡的时间

　　如果你有工作要限时完成，而这期间又需要去吃饭的话，你也许会觉得吃饭在这个时候真是一种负担。为此，你会将吃饭时间一拖再拖。但这绝对不是一个好办法。我建议你一定要强迫自己到点就吃。坚持下去，就像你在小学遵守铃声一样。

　　建立一个高效的工作环境能帮助你每天完成更多的事情，之后你就会觉得生活没有虚度。

用"一切皆阳光"视角看待生活

为了生存，大脑天生就会优先处理消极的想法和感觉。因此，当我们有了压力、担忧或消极想法时，总会无意识地夸大事实，而大脑也因此受骗。它以为真的有一个迫在眉睫的威胁需要马上处理。于是，大脑中负责战斗或逃跑反应的区域就开始做出反应，比如增加压力荷尔蒙的分泌量，调快心脏血液流动速度等。这一系列的反应本是短期应急措施，但如果我们一直紧张下去，大脑会一直被迫处于备战状态，也就无暇顾及其他区域的管理，其结果就是体内循环因此失调。相反，如果我们总是积极向上，大脑则认为一切都在控制之中，也就不会动用预警机制。

这里还有一个思维惯性的问题，即如果我们总是动不动就往消极的路上走，大脑会逐渐习惯于这一思维模式，今后会不受控制地自动对一切事物都"消极"处理。相反，积极的思维亦是如此。

也许你从不认为自己是个"消极"的人。但你确定吗？据估计，我们的大脑每天会产生大约 7 万个想法，可它们不一定都是积极的。如果你花 10 分钟监控一下这些想法，就可能会对自己的消极程度感到惊讶——

"唉，为什么我要在这么美好的一天去上班？"

"我妹妹还没给我打电话……我希望她没事。"

"这个司机开得这么慢，真是让人着急。"

......

基本上，我们在没有意识到的情况下就已习惯性地消极了。但是，如何阻止自己不"消极"呢？

答案是：大脑需要一些训练。这里有 5 个小贴士，可以确保你能以积极的方式使用那大约 7 万个想法。

1. 观察你的思想

即使只有 10 分钟。很多时候，我们其实并没有意识到自己正在思想，所以需要集中注意力来监测一下。一旦你观察到了你的思维动态，你就知道应该从哪里开始了。

2. 使用一天魔咒

清晨，选择一个魔咒。比如想三个词来描述理想中的自己。类似"果断、执行、积极"等等。在接下来的一整天中要时时记得对自己念叨一下。魔咒不仅会给你带来积极的想法，还会将你大脑中消极的想法赶跑。最好将它们放在手机里，上好闹钟，这样就可以在一天中的不同时段提醒自己。

3. 使用日历预设积极想法

找一款漂亮的日历，提前在下个月的每一天里写下一个积极的想法。例如：

1 月 1 日 | 要为同事们讲一个笑话；

1 月 2 日 | 要给一个许久不联系的朋友打个电话；

1 月 3 日 | 要为自己打扫出一个整洁的空间；

......

当你写满整个月份后，你其实就已经开始变得积极了。

如果每个月你都能将那一整页的积极想法变为现实，那么当它进行到第 5 个月时，你一定会对自己感到惊讶的。

4. 让积极想法变得更形象

可视化的力量不容忽视——它确实有效！将积极的事情形象化，想得尽量详细而周全，并且开始一步步地去完成。你越是采取行动，大脑就越能自动适应你所做的事情。你想象过自己拥有或正在做什么吗？

5. 存积极于大脑

写下我们一天要问自己三次到四次的五个积极问题。每天都要将这些问题读给自己听，然后回答这些问题。它们可以是：

我现在能有什么感激不尽的？

我现在怎么能给别人惊喜呢？

我现在怎么能玩得开心呢？

我现在怎样才能表现出爱或卓越？

……

对于这些简单的问题如果每天能专心地回想三次，它们就会显得更有分量，印象更深刻。当我们能够轻松快速地回答这些问题时，大脑就已然开始重新调整它的档位，将我们从一种无方向、无意识的思维模式带出来，逐渐变成一个总是积极向上的人。坚持 30 天，你就会感觉到你的生活有了某种转变。

行为是促使思想得到调节的第一步，反复出现的思想又是行为的动力。所以，做一个积极思考的人，做一个积极主动的人。突然间，有一天你醒来，就会感觉到自己的变化。

如何成为"自信"的人？

阅读任何一位成功人士的故事，你会发现他们都有一个共同点——拥有强大的"自信心"。自信之人必是能够掌控自己生活的人。而从神经科学的角度讲，其实就是锻炼大脑形成某种思维习惯，让它在决定你应该"向前冲"还是"再等等"的时候习惯性地加快处理速度。

研究人员表示，通过有意识地控制大脑活动来增强自信是有可能的。澳大利亚昆士兰大学（University of Queensland）的研究者将自信描述为"一种由我们对自己的想法和感受构成的内部状态"。

潜意识左右着自信心

你一定听说过这样一个故事：一个小女孩因为长得不够漂亮而整日郁郁寡欢，老师送了她一个蝴蝶结发夹，之后老师在每天看到她时都会由衷地夸赞她看起来好极了。日复一日，小姑娘越来越爱笑，整个人都显得朝气蓬勃。慢慢地，夸赞她的人越来越多，因为小姑娘总像一束阳光般地让旁人觉得舒服。

不用说，这是潜意识与自信心相互影响的结果。潜意识的形成源于我们的五种感官时刻收集并记录下来的信息。它虽然只是单纯地记录我们对各种事物与人的印象，但最终它会在大脑中累积成一股强大的信号，这将成为大脑做出任何决定前的参考。

比如一个孩子在每个星期天的晚上都会听到他的父母谈

论他们绝望的经济状况。多年后，当他长大时，每逢星期天的晚上他都会莫名其妙地感到情绪低落、压力很大。而此时的他也许根本想不到自己的这种沮丧感其实是形成于小时候听到的那些谈话。

所以，正如我们在本书的其他章节中提到的，如果我们整日自言自语地声明：我不够聪明，我笨手笨脚，我达不到别人的要求，我的想法可能是愚蠢的，我害怕，我不被重视……那么，你将看到一个怎样的自己呢？

关于潜意识的魔力是这样的

潜意识的作用就是无论它吸收了什么都会在我们的身上留下印记，并且每天都会显现出来。所以，人们通常都会利用潜意识的工作原理来改变我们的人生轨迹。那么，请尝试做做下面的练习，坚持一段时间后你会注意到自己的变化。

将消极的想法都列出来。在表1的左侧列出你所识别的每一个否定句，并在它们之间留出空间。在表1的另一边，创建一个相应的声明来反驳消极的自言自语。

表 1 消极的自我对话与肯定的自我对话

消极的自我对话	肯定的自我对话
我能力还不够。	我现在拥有了成功和成功所需要的一切。
我没有魅力。	我是一个热情、善良、有吸引力的人。

写出那些你最喜欢的肯定话语，然后把它们贴在你能随时看到的地方，有些人在屋子里高悬着的那些书法条幅上的积极话语，其实就是这样的效果。

肯定的话语可以在你的私人空间里大声重复，也可以在脑海中默念，但它们一定要简短、有力、有生命力。这样你会很容易地记住并重复它们。而且永远不要说"我将去做"，而是要说"我这就去做"，因为"我将去做"会让大脑将你的愿望推迟。

在实践中添加可视化

一些职业运动员会在比赛开始前将整个比赛过程形象化。这个办法也可以用来增强我们的自信心。例如，你可以想象自己在演讲、要求加薪、探索新想法以及变得更成功。大脑图像化现在已经越来越多地被应用于医学领域，这足以证明它的重要性了。

视觉化是如此强大，以至于你可能在不经意间通过视觉化在世界上创造了许多自己的负面体验。所以，我们要努力训练大脑做出改变，习惯想象各种积极的体验场景。

1.制作一本图文日记

尝试着将你觉得最不自信的事情写和画下来。你不需要拥有专业的绘画技巧，只要能勾勒个简笔画就可以。这很简单：

想象你自己是一个害羞的人，没有人喜欢你，这个时候的你是那种枯萎无力的感觉；想象你拖延时感到的恐惧、焦虑；想象你和一群人谈话或进行一次新的冒险是什么感觉。把它写下来，然后画出它积极的一面。

当你完成这个练习后，再闭上眼睛用心灵之眼去看这个场景，看着它逐渐向完美的方向发展，最后用"就是这样"来结束你的精神电影。

如果你用自己在纸上创造的新的、积极的结果来练习冥想，就会惊奇地发现每一种情况看起来都是那么顺利，从而感到多么自信。

2.寻找参照者

在你的工作场所或任何经常光顾的地方，找出那些看起来非常自信的人。这类人的行为举止总是暗含着一种自信和自尊。对其进行细心观察——

她或他如何回应他人？

这个人的习惯是什么？

这个人对这个世界持什么样的态度？

她或他是否显得害怕、紧张、生气或怨恨？

这个人看起来是平和或宽容？

这个人是否用幽默来缓和他或她与人的互动？

你认为这个人是你想成为的那种人吗？

……

之后，将你观察到的每个特征写下来，圈出你认为可能有助于增强自信的特质。写一段肯定的话，提醒自己要模仿的每一个特质。

现在闭上眼睛想一下这个人。试着模仿他或她的一些外在举止，练习感受成为这个人的感觉。如果这个人看上去很慷慨大方，眼神炯炯有神，步态稳定，能够倾听他人，或者很有幽默感，那么练习这些特质，并把它们表现出来，然后把它们融入你自己的行为中。你可以从模仿对方的握手或发型开始。

不要盲目地自信，它需要具体的行动

成功人士通常这样问自己："如果我不做决定，谁来做呢？"之后，他们会尝试用以下几种技巧来帮助自己逐渐成为自信的行动派。

1. 积极主动

如果遇到了困难，"不要停滞不前"！只问自己一个问题——怎么解决？一个有效问题更容易找到答案。虽然我们总能找到无限的理由不采取行动，但我们只有一条路可以走：放下所有的理由，采取行动。

2. 停止等待"美好时光"

总有一个条件，由于某种原因，不符合你的期望。外部环境总是与你想象中的完美画面有差异。等待一个理想的情况来执行你的计划是不可能的。因为世界总是在不停地变化着。

想自己创业吗？今天油价很高，明天会有经济危机，后天政治权力的变化等，困难和障碍都是不可避免的。所以，别等了，现在就是最好的时机！开始着手解决创业过程中出现的每一个问题。

3. 把你的想法变成现实

记住，一个好的想法进入你的头脑中时，它没有丝毫的意义，直到你将其变为现实才会有真正的意义。大脑需要的不仅仅只是一个想法，还需要你给它下达具体执行的命令。如果你的命令迟迟未到，大脑就会将其清理出去，因为它更倾向于处理即时发生的事情。思想的价值在于思想的实施和发展，这是获得成功的唯一途径。

4. 不要害怕

只要有行动，恐惧就会减少和消失。这就是大脑的工作原理：当大脑感受到了害怕，它就会开始进行防御性准备，促使我们迈出第一步，一旦有了行动，恐惧感就会慢慢消失，取而代之的是专注于当下的行动，内心也就会变得平静。所以，一个人越早开始行动，他就越不害怕；他越拖延行动，他的恐惧、不确定性和怀疑就越大。

5. 停止等待灵感

灵感可能会在一个月、六个月、一年或更晚的时间内送达给你。所以最好别傻等在那儿，用行动去"邀请"它吧。如果要执行的任务是一个新的活动项目，写一本书，或做一个演讲，那么请立刻拿出一张纸和一支笔，开始写下所有想到的事情。也许，一开始它只是荒谬可笑的想法，但之后你的大脑就会活跃起来，它会不停地去记忆库房里为你搜寻更佳答案。

6. 立即采取行动

只有现在，过去不见了，未来也不知道。现在是行动的时刻，变化的时刻，运动的时刻。大脑需要不断地从过程中获得经验。"明天""以后""下周"等同于"从不"。你的决定的力量在于今天的行动。你的成绩是以今天的成绩来衡量的。

7. 做一个领导者

成为一项工作的领导者，会促使大脑进入积极而主动的寻找问题、解决问题的状态。每前进一步，大脑都会反馈给你一定的成就感，使你逐渐变得自信而阳光。

如何成为一个快乐的人？

当你回首往事时，你会发现自己的童年时期似乎都是美好的。有时候，为了追忆这些，你也许会重新观察你的孩子、侄子侄女或朋友的孩子是如何与周围的世界互动的。你会发现，如果从孩子的角度来看待这个世界，它竟然可以让你的日常生活一下子充满了活力！

1. 一切都是新的

孩子们对一切都很着迷，因为世界对他们而言处处都是崭新的。也正因此，这些没见过世面的小家伙们从不知厌倦。你早上醒来总是烦恼于拥挤的通勤以及无聊的上班内容吧？而孩子们却总是兴奋不已，每一天对他们来说都像是在探险。

所以，换个视角看待将要面对的日常，清空大脑，试着给它布置一些新任务，使其用全新的角度去审视和思考周遭。走在路上，别让大脑闲着，给它点事做做，比如看看每一个路人的神色，猜想一下他们的职业、生活以及正在想些什么。一旦摆脱了惯性的走路方式，大脑就会立刻清醒。

2. 每件事都是一次学习的经历

孩子们总像"十万个为什么"一般不停地问"为什么"，他们什么都想知道！而且特别具有探索精神，一个问题总要追究到根源上。正是这样的追寻未知的精神，令大脑日益丰满。而我们有多少时候愿意花时间去一探究竟呢？每一件事都有着环环相扣的作用力，如果能像孩子们那样追寻下去，多样的知识结构也一定会令我们与众不同。

3. 每个人都是可能的朋友

有多少次，在超市结账时，最令人心烦的就是排在长长的队伍中无所事事。难道在那个时间里和别人说说话会有什么害处吗？孩子们就不一样，他们总是乐于结识新的朋友。他们每次见到有趣的陌生人时，总会盯着对方看很久，然后羞涩地尝试着向其微笑，想要认识对方，知道人家的名字，是做什么的等。那我们为什么不能如此呢？克服一下心理障碍，勇敢地去和陌生人聊个天儿。

4. 将生活当作一场游戏

孩子们在面对新环境时，不会像我们听到老板要见我们时那样，不由自主地尽往坏处想。孩子们没有畏难心理，他们总是对事物抱有积极的态度，渴望尝试新事物，尤其是当它具有一点冒险的感觉时更是如此。所以，为什么不将生活中平凡的事情想象成一场冒险呢？将事情变成一场游戏，这样你就不会因为浪费时间和精力而闷闷不乐了，也不会害怕接下来会发生什么。

5. 你可以做任何事

"你长大后想做什么？"当你还是个孩子的时候，你被问过多少次这个问题？每次你有多少种不同的答案？今天是医生，明天是老师，后天又是护林员，因为你觉得能和树们天天住在一起有多美！当然，随着年龄的增长，你必须选择一条职业道路并坚持下去，否则你将无法谋生。然而，是什么让你选择这条道路呢？因为你父母是医生？因为这是学校里最简单的科目？我们选择职业道路往往是因为我们认为我们应该这样做，而不是因为我们有激情。同样的道理也适用于你在某一领域站稳脚跟后，还在为是否要换工作而犹豫不决的时候。如果你真的想成为一名律师，35岁又有什么关系呢？大脑并不因为年龄的增长而拒绝接收最新信息，相反，对它而言，能够时时学习新事物可以使其"青春长驻"！所以，去学习，申请法学院，入读，并追随你的梦想！当我们可以像孩子一样思考，做我们真正想做的事情时，我们就不应该把自己限制在似乎正确或似乎实际的事情上。

6. 这个世界充满了无限可能

这个世界充满了无限可能，你可以参与其中任何一种。

不要因为你认为你是谁，或者你认为你的工作或家庭如何定义你而把自己限制在某些事情上。要相信大自然赋予了大脑无限的能量，一旦你专注于某事，大脑会立刻集中全力调整到你希望的状态，并且它也很喜欢这些新刺激。如果你一直想成为一名艺术家，就上一门绘画课试一试！如果你想写一部小说，在你空闲时读一本书，然后可以找一个写作小组。事实上，大脑拥有无限的张力，每个人都有着无尽的可能！

7. 学会珍惜发呆的时光

你最后一次坐在户外晒太阳、在秋千上玩耍、滑下滑梯，令你的思绪游荡是什么时候？很多时候成年人认为自己必须得做"不浪费时间"的事情。如果不工作了，就去阅读或打扫房间；如果堵车了，也别让时间空耗着，去听听有声读物多增加些知识。是的，我们要尽量将时间利用起来——不过，也不必总是如此。大脑也是需要休息、放空一下的，所以多抽些时间去享受阳光、微风，与朋友或家人坐在户外发个呆。当你重新开始做事情时，你会发现大脑的思维清晰得不得了！

8. 你的想象力是无限的

随着年龄的增长，你会学到更多的知识，经历更多的事情，学会什么是合乎逻辑的，什么是可能的。你会觉得成为一个有能力的成年人是必需的，但不幸的是，这也会限制你的想象力。很难想象你会为了一只彩虹色的独角兽而逃避工作，因为你知道这是不可能的。

但孩子们却没有这个问题，因为他们的想象力是无限的。

他不关心什么是真实的，什么是可能发生的，因为他们希望它发生，所以在他们的脑海里，它就会发生。如果你想记住拥有想象力的感觉，就多看些儿童图书或节目。猪会说话，会有感情，会去太空探险。这样的节目可以帮助大脑拓展想象力，消除逻辑思维上的障碍。一旦你的想象力可以更自由地漫游时，你会发现自己的创造力有多么棒！

9. 你不在乎别人怎么想

老实说，这是作为一个孩子最好的部分，不是吗？穿着圆点衬衫和条纹裤子，因为那是他想穿的，这能让他自己觉得高兴。问"愚蠢"的问题，是因为他只想知道答案，他不会因为怕别人嘲笑而闭嘴。想象一下，如果你不在乎别人对你的看法，你会有多自由？并不是说你完全放任自己，或者成为办公室里的白痴，而是你能做自己想做的事情，并不去担心别人会怎么想——其实，老实说，你永远也不会知道别人在想什么。

笑一笑真是十年少？

美国心理学家、人格研究创始人之一戈登·奥尔波特（Gordon Allport）说："生活中有那么多纠结最终都是无望的，我们除了笑之外没有合适的剑。"自20世纪70年代以来，科学家们一直在研究欢笑对神经系统的影响。笑理学创始人诺曼·考辛斯（Norman Cousins）本人也参与了这项研究。结果表明，开怀大笑可以刺激大脑调节控制情绪、压力、血压和免疫反应的激素。

笑理学创始人诺曼·考辛斯，这个未曾受过任何医学训练的外行人，却成为第一个提出幽默能够影响大脑进而改善身体健康的人。当考辛斯被诊断为强直性脊柱炎时，他发明了一种结合了大量维生素 C 和幽默的治疗系统。强直性脊柱炎是一种慢性炎症性疾病，可导致脊柱关节融合。但他却从几近瘫痪的状态中恢复了过来，并写了一本名为《疾病解剖》的书。后来，他用同样的方法从心脏病发作中恢复过来。

笑的魔力

笑真的极具魔力，可以瞬间使周遭变得阳光明媚，让在场的人为之一振。那是一种闪闪发光的感觉，当它在我们内心涌起并溢出时，一股生机勃勃的热潮便层层荡漾。无论生活怎样，笑声始终都会令我们充满活力，令人平静，让事情变得更光明。

确实，没人否认笑是扭转低落情绪的良方名药，但是对于它所具有的更深层次的治愈力量却鲜有人清楚。

1. 大脑的奖励系统

斯坦福大学的一个研究小组在 2003 年 12 月 4 日出版的《神经元》杂志上报告说，幽默还有助于调节大脑中的多巴胺水平。多巴胺又称"奖励激素"，是一种调节情绪、动机、注意力和学习的神经递质。从心理上讲，多巴胺会引发一种快感。斯坦福大学的研究小组对 16 名参与者的大脑进行了研究，这些参与者分别观看了搞笑与非搞笑两类卡通片，研究后发现那些有趣的卡通片激活了大脑边缘系统中的一组区域，这些区域对多巴胺的调节至关重要。研究结果表明，幽默不仅对情绪有积极的影响，而且对动机和学习行为也有积极的影响。

笑甚至可以帮助我们活得更长久。挪威的一项研究发现，幽默感强的人比那些笑得少的人寿命长。这种差异对那些与癌症抗争的人来说尤其显著。

2. 缓解压力

洛马林达大学联合健康与医学院的免疫学家李·伯克（Lee Berk）博士从 20 世纪 80 年代开始研究欢笑对激素调节的影响。伯克博士和他的同事发现，笑有助于大脑调节应激激素皮质醇和肾上腺素，使肌肉放松 45 分钟。他们还发现，笑能释放内啡肽，让我们"感觉良好"。就像有氧运动一样，用一种"内部慢跑"的方式释放压力，增强免疫系统，抵抗疾病。因此，内啡肽被称为人体的天然止痛药。伯克博士认为，即使是期待有趣的事情即将发生，也足以带来积极的影响。

从心理角度讲，笑的真正魔力可能在于它能给我们的生活带来孩子般的快乐，让我们从所有的烦恼中离开，进入一个更积极的头脑空间中。

3. 使人与人之间更亲密

当你笑的时候，你会把别人吸引到这个有趣的、充满活力的空间里。所以，笑是建立社会关系的有力方式，它可以消除人与人之间的隔阂，减轻愤怒的重负。没有什么比一起大笑更能迅速地化解愤怒和冲突了。2015年伦敦大学学院的一项研究表明，一起开怀大笑的人彼此之间分享的亲密信息要多得多——这是加强关系的一个关键因素。维多利亚大笑俱乐部的主席、瑜伽治疗师马汉斯·卡鲁皮亚·奎伦（Mahes Karuppiah-Quillen）说："笑是全球性的，没有任何语言或文化障碍。笑的凝聚力能让我们与人产生情感上的亲密感。"

4. 可以减轻体重

笑能放松全身，燃烧热量。好吧，这并不是去健身房的替代品，但是一项研究发现，每天笑10～15分钟可以燃烧大约40卡路里——一年内可以单纯依靠笑声就能减轻3～4斤的体重。当然，这个数据对急于减重的人来讲可能有些微不足道，但它依然是件令人高兴的事，不是吗？

练练"笑瑜伽"

1995 年，家庭医生马丹·克特利亚（Madan Kataria）博士在孟买的一个公园举办了第一个大笑瑜伽俱乐部。如今，这个另类的瑜伽俱乐部已经成为一个全球性的组织——"笑瑜伽国际"，它在 100 多个国家拥有数千个社交笑俱乐部。而笑瑜伽的练习也非常简单：

一群人聚集在一个绿树成荫的公园里。没有什么好笑的，但他们会慢慢地开始笑起来，双手放在肚子上，感受着轻柔、有节奏的起伏。笑声变得更大、更响亮……慢慢地，它开始变为真正的笑声，自由奔放，势不可当。每个人的脸都涨得通红，喜气洋洋，眼睛闪闪发光。

在一个严肃的世界里，一点点好玩的放松就能让一切变得不同。"笑瑜伽"旨在让人放松，它结合了瑜伽中的呼吸练习，逐渐舒缓了压力，提亮了心情，创造出了一种活泼的社交能量。

其实，对健康有积极影响的并不是笑本身，而是隐藏在笑背后的潜在快乐心情。小时候，我们常常一天笑上几百次，但长大成人后，生活往往会变得更严肃，笑的次数也越来越少。但是，如果我们能够将笑重新点燃，对待生活的态度再多一些幽默感，上述所讲到的种种益处都会随笑而来。它将带给我们更好的情绪健康、更紧密的人际关系，也会令我们找到更大的幸福，甚至还可以延长我们的生命长度。

Six
找回难以集中的注意力

测一测：你的注意力有没有问题

下面的舒尔特方格，是德国精神病学家和心理治疗师沃尔特·舒尔特（Walter Schulte）于 1962–1972 年发明的专业用于测试注意力的一个量表。这一量表是目前全世界范围内最简单、有效、科学、易操作的一种注意力训练方法。只需要用手指着数字依次快速读出目标数字即可。读的速度越快，表明你的注意力集中度越好。反复练习，大脑的集中注意力水平会随之不断提升。

24	7	25	4	22
6	2	16	9	10
11	15	20	23	18
21	17	5	19	1
8	14	12	3	13

21	15	9	22	23
7	20	11	17	13
6	18	14	24	12
8	4	16	1	2
19	10	5	25	3

24	15	25	19	23
22	8	14	18	21
10	3	16	4	5
17	7	2	12	9
1	11	20	13	6

测试说明：

舒尔特方格是在一张方形卡片上画上 1cm×1cm 的 25 个方格，格子内可以任意填写上阿拉伯数字 1 ~ 25 的共 25 个数字（目前还有了手机版的舒尔特小游戏）。训练时，要求被测者用手指按 1 ~ 25 的顺序依次指出其位置，同时诵读出声，施测者在一旁记录所用时间。数完 25 个数字所用时间越短，注意力水平越高。

测试分值：

5～7 岁年龄组：达到 30 秒以下为优秀，46 秒属于中等水平，55 秒则问题较大。

7～12 岁年龄组：能达到 20 秒以下为优秀，36 秒属于中等水平，45 秒则问题较大。

12～14 岁年龄组：能达到 16 秒以下为优秀，26 秒属于中等水平，36 秒则问题较大。

18 岁及以上成年人：最好可达到 8 秒水平，20 秒为中等水平。

顺便说一句，对于开车的人而言，如果注意力水平达不到 20 秒，就必须多做注意力方面的训练，否则必然是个危险级公路杀手。

一定要克服注意力的原始性

大脑的两个不同区域中分别负责了两种注意力：前额皮质（位于前额正后方）负责集中注意力；如果你正在为考试或写小说而学习，那么动力和命令都来自那里，也被称为主动注意力。但是如果有一个突然的、引人注目的事件——老虎的攻击或孩子的尖叫——顶叶皮层（耳后）将被激活，这即是被动注意力。前额叶区域的有意工作频率慢一些，顶叶区域的自动处理频率却是非常快捷的。

如果从原始性来理解的话，顶叶皮层在注意力分散方面的工作原理可能更近似于我们的原始本能。比如我们正处于原始时代，有一天我们与同伴围坐在一起听着别人讲他的狩猎经历时，忽然身后森林中传来一些声音，于是你会立即屏住呼吸仔细聆听，这是什么声音？是老虎还是蛇？而对于朋友所讲的那个故事你早已充耳不闻了。这一系列的过程表明了大脑为了保全我们的生存概率而总是优先选择去关注随时出现的新事物及声音。这一本能在原始时代无疑是非常重要的，因为它曾无数次地挽救了我们祖先的生命。而在现代社会中，它也依然有用，比如能够让我们安全地穿过车来车往的马路、躲开突然而至的袭击。可是，当我们回到安全的室内时，这一本能就显得有些让人烦恼。因为你如果总是关注外部的动静并做出反应，就无法好好工作、学习及生活……

你的注意力缺失症是否越来越严重？

这是一个谁都无法回避的现实，即从没有哪个时代像现在这样需要我们努力地控制自身的注意力。每个人都有太多的事情要做，可是让人分神的事也多得数不清，而时间却似乎比以往任何时候都少得可怜。所以，在数字时代下想要保持一段持久的注意力似乎变得越来越难了。大部分人每天都在无所事事和焦虑紧张中摇摆。检查一下，你是不是做过以下事情：

上了半天班才发现：咦？手机落在早晨的出租车上了；

碰见一个人想要加好友，拿出手机却打开了收款码；

起身去接水，突然看到窗外的景色很美，回来时发现手里拿着个笔筒，水杯不见了踪迹；

出门走了半天，一低头发现脚上穿着双拖鞋；

在书店买完新书后，到家翻几页就放下了，永远读不完；

雄心勃勃地想尝试一下新的菜肴，但是准备好的食材总是放在冰箱里直到变质；

刷了半天微信朋友圈，突然想起自己本是要找某某谈事的；

……

很多人都做过类似的傻事，估计你也很难幸免。如果一定要让你从以下几种注意力缺失类型中选择的话，你会发现自己几乎符合每一种类型。

1.注意力被劫持

你有明确的目标，但却由于大脑中的顶叶皮层占位主导，所以你很容易被其他外部事物所吸引。要知道注意力本身是个限量版，但身处数字时代，外部的诱因会不停息地涌进来分散着我们的注意力。比如手机的信息提示音不断响起，身旁的巨幅电子广告频闪不迭，路上的车辆川流不息……

2.无法长时间专注在目标上

你有明确的目标，也希望自己能够集中注意力完成它，但结果发现自己的思绪总是不停游走，坐在桌子前做着一件事，而脑子里的想法却一个接一个地跳出来干扰你。总之，想要维持一段较为持久的注意力真是困难重重。

我们似乎习惯了碎片化的生活方式，注意力不停地从一件事跳到另一件事。有时候，注意力发生了转移，我们都毫无意识。

3.思绪随意游走

因为你没有明确的目标，所以你没有特别需要注意的事，注意力漫无目的地四处游走。常常一坐十几分钟，什么都没做，什么都没想，很多事在脑海中一闪而过无法定焦。

为什么持续地专注那么难？

其实，从分心的发生到做出调整，我们需要经过三个步骤：

1.监控注意力的焦点，发现分心。

2.将注意力从分心的事物上拉出来。

3.将注意力重新指向计划的事物上。

有些人很难专心，是因为在某些步骤上缺少足够的感知和调控能力。当然，这些能力是可以通过练习来提升的。

另外，影响注意力的条件还包括是否有人在场、这个人的性格特质等。研究发现，性格外向的人在做简单的任务时更容易分心，因为外向的人需要更多的刺激物才能完全控制好自己的知觉能力，但这时如果有人在场，并对他们的行为做出潜在的评价，外向的人就会变得更加专注。

《注意力曲线：打败分心与焦虑》的作者露西·乔·帕拉迪诺曾做过一个实验，她先录制了一段容易使人分散注意力的声效磁带，里面包括闲聊声、摇滚乐、喜剧小品滑稽的声音等。之后，她要求60位测试者在听分神磁带时做些检查错字的工作。

测试前，测试者们被分为5组，其中4组在走神的时候分别采用4种不同的认知策略来完成测试。

第一组默默对自己说："不，我不应该听"，或者就是简单地对自己说"不"。

第二组注射形式——采取由小到大的声音来提醒自己。

第三组有目标性的自我引导——默默对自己说"我会做自己的工作"，或者干脆就是简短地对自己说"工作"。

第四组阻止策略——默默地喃喃自语。

第五组没有采取任何培训方式，任由他们自行控制。

结果显示，接受过认知训练的前四组测试者，其测试结果都比没有接受过任何训练的第五组要好得多。他们在检查错字的工作中投入了更多的时间，只是偶尔间稍稍偏离一下工作。

所以，对于注意力缺失这件事，只要能够有意识地进行一些自控式的调整，我们还是可以让自己的生活变得更有质量的。当然，你可以寻找一些专业指导注意力的书籍来帮助自己，也可以按着我推荐的一些方法先尝试一二。无论你怎么做，都已经表明你有了想要改变现状的意识，这一点尤其重要！

调整好情绪，注意力才有存在感

与小婴儿接触过的人都曾有过这样的经历，当他们哭闹起来时，我们最常用的办法就是希望通过分散他们的注意力来使其平静："看那只小鸟"，或者热情地说："那是什么？"我们的目光或手指就会把他们的注意力引向别的东西上。

这个小策略使用了选择性注意来平息大脑中那个激动的杏仁核（负责控制情绪）。只要孩子能够专注于某个有趣的焦点上，他的哭闹就会平静下来；而一旦这个东西失去了它的魅力，刚才的不愉快经历如果仍然被杏仁核的网络所控制，那么哭闹就会卷土重来。所以摆平这个小哭包的诀窍就在于你如何才能长久地让他保持住那份好奇心。

瞧，从这一点我们就可以知道，当我们还是婴儿时就已经获得了最初的情感自我调节技能——这对我们的人生命运有着巨大的重要性：如何管理不受控制的杏仁核，而杏仁核的表现良好与否直接影响着注意力的执行力度。

当一个蹒跚学步的孩子故意对诱惑说"不"的时候，这便是注意力发展的一个里程碑，比如他可以做到吃完盘子里的东西再去吃甜点。能做到这一点完全依赖于我们的注意力，这种注意力会发展成意志力和自律——管理我们令人不安的情绪，抑制冲动的心理，忽略突发奇想，这样我们就能专注于一个目标。

当我们成年后，这种将注意力集中在一件事情上而忽略其他事情的能力，同样会让我们在看到冰箱里那些甜美的芝士蛋糕和冰激凌时，想到自己的腰围。这个小小的选择点蕴藏着意志力的核心，即自我意识的调节。在大脑的设计中，自我意识是建立在调节我们自己的情绪以及感知他人感受的基础上的。

一个愤怒或情绪低落的人是很难将注意力集中在他要做的事情上的，因为他正处于一个极度不稳定的情绪状态，而集中注意力则需要一个稳定的情绪环境。相关的研究以及我们自己的过往体验都表明，情绪确实影响着一个人的注意力、记忆力及执行任务的能力。

美国心理学家米哈里·契克森米哈赖在《心流：最优体验心理学》一书中提到这样一个案例：

在荷兰的一家医院里，有一名患有精神分裂症的女性患者，住院已超过10年，思路不清、病况严重，一直以来都处于情绪淡漠的状态。医生在对她的跟踪记录里发现，她曾出现过两次情绪高亢的时候，而且正巧都是在修剪指甲时。于是医生找来专业人员教她修剪指甲的相关技巧，而她也十分热衷于学习。没过多久，她就开始替病友修整指甲。此后，她的性格发生了180度转变，没多久就出院了。后来，她在家门口开了一家店，不到一年已然可以自食其力了。

这个案例说明，做自己喜欢的事情时，喜悦的情绪让注意力更容易集中，所以能够集中注意力在自己喜欢的事情上也是有着疗愈功效的。它能让原本趋于混乱的精神能量变得有秩序，令人重拾生活的热情和意义。

情绪对注意力为什么有如此大的影响？

当我们情绪非常急躁或伤心的时候，我们的注意力集中在令自己情绪起伏的事件中，这使得我们自动屏蔽了其他外界事物，在这种情况下我们做任何事都会难以理解其中含义，记忆也会变得混乱不堪。

在情绪焦虑的情况下，我们需要动用极大的毅力才能命令自己去努力关注相关的事情。因为焦虑的情绪会携同倦怠与烦躁感一起来刺激和分散我们的注意力，所以我们无法体验到集中精神所带来的成就感。更糟糕的是，我们越焦躁就越难以集中注意力，而由此产生的挫败感又会加重我们的焦躁情绪，从而形成一个恶性循环，不安和焦虑也只会越来越严重。

情绪不稳定时，你可以尝试以下几个冥想步骤来做调整

1.先躺下或坐在舒适的椅子上。如果躺下，让你的胳膊和腿放松，并向两侧倾斜；如果坐着，找一个平衡和稳定的位置。

2.花些时间来注意呼吸的感觉。

3.注意你的脚。注意你的脚对地板或床的压力、温度、舒适或不适、瘙痒，或其他任何东西。监测你的大脑是否开始胡思乱想，当它开始胡思乱想时，把注意力转移到脚上，不要

评判自己，也不要让自己陷入困境。让你的注意力以这种方式休息几分钟。

4.注意你的小腿。你可能会感觉到衣服或毯子的触摸。保持注意力，别让自己筋疲力尽。不管你经历了什么，这就是你现在应该感觉到的。

5.几分钟后，把注意力转移到你的大腿上，以某种方式观察它们，专注于它们的感觉。

6.自己踱步，把注意力放在腹部，然后是胸部。注意身体上的感觉，如呼吸、内心的感觉、饥饿或饱足，以及任何情绪的共鸣——快乐、悲伤、紧张、愤怒、感觉开放或封闭的身体表现等。

7.继续以某种方式将注意力转移到身体的其他部位，如手、手指、手臂，逐渐转移到肩膀、脖子上，每一步都要时刻提醒自己要释放紧张感。

8.最后，注意你的面部和头部，尤其是嘴巴和眼睛周围的表情和情绪反应。

无论你此时感到放松还是紧张、不安抑或精力充沛，在结束之前都要停下来。花点时间静一静，然后你会感觉心里平静了许多，这也足以给你力量继续一天剩余的时光。

学习一项艺术技能

众所周知，大脑的两个不同的半球控制着两种不同的思维模式，即左脑偏重于逻辑思维、分析和准确性；右脑则专注于美学、情感和创造力等。

经历了学校教育之后，我们每个人的左脑思维都得到了长期而密集的训练，但是右脑思维的发展却也因此被忽略。殊不知，右脑除了能更好地感受、欣赏、想象、创造艺术外，它还更擅长理解事物运作方式以及背后的含义，能够看到大局并更有远见和思考力。另外，右脑被认为还负责着理解宗教和哲学等概念。

但是，大脑真的就能如此简单地被分类吗？它们之间的运作不会产生相互影响吗？我们用一个浅显的例子就可以说明它们之间是如何工作的。

比如你眼前有一支笔。在右脑负责识别出笔的形状后，左脑迅速识别了这支笔是什么，用怎样的名字或头衔命名；与此同时，大脑的右半部分又接着解释了这支笔是用来做什么的，以及它是如何形成的……

在沟通技巧方面，右脑占主导地位的人通常更依靠手势和情绪来传达他们想要传达的信息，而左脑占主导地位的人则专注于词语和其中包含的信息。同样地，据说右脑的功能包括超越细节和组合信息等能力，以便看到更广范围的事物。右脑占主导地位的人通常是创新者，他们着眼于未来的可能性，而不是充满事实的过去。

右脑还专注于相信和理解，负责理解那些听上去不太具体的想法。在理解的过程中，它并不一定依赖于事实或数据。相反，它使用信念和理论来建立对事物的理解。

由此可知，如果我们再多给右脑一些机会，使它能像左脑那样得到相应的训练，那么用不了多久你就会发现自己正在变得比以前更好了。所以，你可以做做类似以下推荐的这些小活动。

1.每天花几分钟研究一下周围的环境。闭上眼睛，用一个小录音设备描述你所看到的，完成后睁开眼睛，重放录音，看看自己描述对了多少内容。当你能在视觉上重建周围环境时，你就已经开始具备记住更小细节的能力。将这个练习持续一段时间后，你会发现自己可以在无意识中毫不费力地记住很多事情。

2.学会使用身体的非惯用部位。如果你是右撇子，就练习用左手写字、左脚踢球……当然，如果你是左撇子，那么恭喜你，你的右脑思维已经占了主导地位。这是因为大脑的左半球倾向于控制身体的右侧，而右半球倾向于控制身体左侧。

3.下次与人交流时，有意识地多动用一下身体动作和面部表情，努力用肢体语言来表达。

推荐一个有趣的活动：哑谜或解释舞蹈。

4.练练折纸游戏。折纸艺术在很大程度上依赖的是右脑的视觉能力，而手指间的折叠动作还有助于改善手眼协调能力。

5.利用黏土、纸或可回收物品将二维概念转化为三维对象。例如，用黏土做一个立体的房子。

6.画画。当你开始画一幅画时，你需要先在脑海中想象出最终的画面（右脑整体运作）。然后，你展开画面，选择元素，匹配和混合颜色，放置阴影和高光等（右脑同时处理不同的事情）。与此同时，你还需要以批判性的眼光去看待自己正在做的事情（左脑善于分析）。

学习艺术技能的好处

BBC 新闻曾发表过一篇文章，详细介绍了发表在《神经影像》（*NeuroImage*）杂志上的一项科学研究。该研究发现，与非艺术家的脑部扫描结果相比，艺术家的脑部扫描显示"与精细运动和视觉图像相关的神经物质增加了"。由此可见，艺术技能是可以锻炼和提高脑区功能的。而对于艺术就一定是"右脑思维"这一观点，该研究也给予了驳斥，因为增加的脑物质分布在许多区域。除此之外，艺术学习的过程还可以让我们获得一些更重要的技能。

1. 创造力

从本质上讲，创造一些东西——任何东西——都会让你从惯常思维模式中走出来一会儿。据说，人类平均每天会产生大约 7 万个想法！但是，其中 95% 的想法却是我们每天都会重复的。

而绘画、缝纫、雕塑、建筑、拼贴或任何有创意和建设性的东西，都能让你的思维从这些常规的想法中解放出来，专注于手头的新任务。

想想看，当你在创作艺术时，由于是大脑从未处理过的事物，因此它将格外专注。你会完全沉浸于你的笔触和铅笔线条中。不知不觉中已过了两个小时，你忘了吃东西，还错过了三个电话，但是通过这样的艺术锻炼，你的创造力与注意力都有了新的提高。

2.模拟冥想

变得极度专注是一种类似于冥想时产生的精神状态——平静和沉稳的感觉带来了如冥想般的治疗效果。因为科学家们曾对冥想状态进行过深入研究后，发现冥想不仅可以改善免疫系统，还可以增加幸福感、减少焦虑，使人更专注。如此看来，成为一个艺术家还能促进身心健康呢！

3.自我表现

每个人都希望被别人认可、赞扬。这也就是人们喜欢在社交软件上晒生活的原因之一。这样的方式满足了人们喜欢表达自我的欲望。而艺术更是表达自我的高级形式。每一件作品，都是创作者表达自我创造力、视野、梦想等的结果。

4.焦点

学习和实践每一种艺术都需要很强的注意力。创作者必须学会如何倾听和运用技巧，同时展现自己的"声音"。例如，发展绘画技巧需要专注于颜色、阴影、光线等细节，这样才能创造出一个整体的杰作。

5.开放的思想

理解艺术可以培养许多新的思维方式。一开始，艺术观察者可能不愿意说出自己"认为"艺术家所描绘的是什么，但是在探索之后，就会开始用一种陌生的方式来思考。

纽卡斯尔大学的研究人员发现，艺术确实可以改变我们固有的思维及看待世界的方式。他们带老年人去参观展览，看他们如何描述当代作品。虽然在最初之时他们还无法描述其正在经历的这些新的东西，但是他们已经开始将自己的记忆和经验应用到自己正在谈论的艺术作品上了。

所以，学习一些艺术技能之后，你也一定能让自己的大脑更具有创造力！

工作时听音乐，提高了效率还是拖了后腿？

多数人都认为，音乐不仅能改善心情，还能提高工作效率。事实果真如此吗？心理学界从正反两个方面入手开展了深入的研究。2012 年《时代周刊》发表的一篇研究文章报告成为双方都较为认可的结论——工作时听音乐确实会提高人们的工作效率！但是，并非所有音乐都具有此功效。不同的音乐对不同岗位、不同工作性质的人的工作效率，有着不同的影响。

1. 劳动模式 VS 音乐

如果我们反复执行同一件工作，大脑很快就会因为"轻车熟路"而失去活跃度，随之人就会变得越来越没有耐心。此时如果能听到一曲好听的背景音乐，渐起的焦虑情绪就会很快得到平抚，那件重复性的任务似乎变得不再枯燥。所以，音乐是此类工作的最佳搭档。但这对于脑力密集型工作者（对脑力要求很高的工作）来说则是一种干扰，和音乐风格无关。

2. 思维方式 VS 音乐

我们通常会将思维方式分为发散型思维和聚合型思维两种。

一个具有发散型思维方式的人可以在短时间内想出很多种解决方法，具有极强的创造力，如果为其播放一些背景音乐（特别是节奏感强的），那将起到提升的作用。因为听喜欢的音乐能使大脑中的"快乐中枢"活跃起来，整个思考区域也因此受到刺激。而这种刺激带来的结果就是创造性处理问题能力的提升。比如画家、设计师等。

而一个聚合型思维方式的人则善于在众多的方案中快速锁定一个最好的解决办法，这说明其逻辑能力和注意力都非常好。但是，由于他们的大脑需要高度集中运转，所以音乐对其而言就是一种极大的干扰。

3. 纯音乐 VS 歌曲

2012 年一项针对环境音乐的小规模调查显示，如果在工作场合播放有歌词的音乐反而会削弱人们的注意力，没有歌词的纯音乐则没有这个问题。《应用声学》（*Applied Acoustics*）杂志的另一篇论文则进一步确认，外界的"语音"越清晰，它对我们的干扰越大。如果一个人在接收、记忆新信息时听音乐，反而会增加他的记忆负担。

所以，如果你觉得写论文或报告时无心感受任何旋律，不如改在中间休息的时候听一会儿。因为在一项针对未成年学生的研究中发现，在两个任务之间的休息期听音乐，学生们的学习成绩和长时间专注的能力都有提高。

4. 熟悉的音乐 VS 陌生的音乐

一项心理学研究显示，当我们听到熟悉的旋律时，大脑中能产生强烈情感和注意力的区域会更加活跃；而听到不太熟悉的音乐时，我们的注意力会因为"要适应新的声音"而被分散。

由此延展出来的结果是：如果你一边工作一边听着外放的音乐，对你而言，那音乐是一种情绪及工作效率的辅助，但对于你周围的同事来说则是一种干扰。这是因为你自己放的音乐是什么类型、什么旋律、播放顺序以及音量都在你的预知范围内，但是对于周边的人来说，这些音乐都是陌生且不可预期的，每一首都需要大脑努力分辨、熟悉、过滤……因此被动听音乐的人需要同时处理陌生的音乐和正在进行的工作，其工作效率必然随之降低。

5.工作娴熟度 VS 音乐

迈阿密大学音乐教育和音乐疗法副教授莱西·乌克（Teresa Lesiuk）在研究中发现了一个有趣的现象，就是通过听音乐所提高的工作效率也取决于你对该工作的熟练程度。她发现，当你对某项工作而言虽非新手却也称不上专业时，这种效率的提升效果最佳。

所以，挑选在工作时听的音乐应该取决于四个因素：歌词的占比，你对这首歌的熟悉度，你的工作内容重复度，以及你从事的是脑力还是体力工作。

训练注意力的方法

　　互联网的发展使得如今的人类每天接收着比 30 年前多 5 倍的信息量。但是要知道，所有这些信息都会消耗我们的大脑能量。每个微信上的状态更新，每条收到或发送的信息都在争夺着大脑资源。虽然大量的信息是在我们无意识状态下被大脑处理着，但它们仍然会影响我们的感觉、思维方式以及集中注意力的能力。

你是多任务处理器吗

　　你可能特别骄傲于自己拥有可以同时处理多项任务的能力。但事实是，你的大脑没有你认为的那么能干，它实际上无法同时执行两件不同的任务。它能做到的只是——加快切换任务的速度。而这个过程还使得它的能量被严重地分散了。你之所以能够熟练地处理多项任务，原因只有两个：一是你非常熟悉那些任务；二是你的工作记忆力特别好。也就是说，你的大脑可以同时记住不止一件事。

　　一项研究表明，一个人在工作时如果被打断，就会需要更长的时间才能完成该任务，而且犯的错误也大约会是其他人的 4 倍。当任务熟练后，来回切换就变得更容易，错误率也随之降低。比如，当你一边撰写合同一边听取手机留言的同时，大脑额叶快速运转，将注意力在合同和手机之间来回切换。但是每切换一次，你都必须重新找回刚才的思绪，才能继续。

为了验证这一问题，研究人员在美国联邦航空署（FAA）和美国密歇根大学进行了一系列的研究。他们让年轻人做不同难度的计算题和几何题，并记录了他们的核磁共振。结果表明，在同等条件下，处理多重任务比单独解决问题花费了更多的时间。同时，即使在遇到类似解决 1+1=2 这样简单、熟悉的问题时，集中注意力时的效率还是远远高于分散注意力时的效率。

卡耐基·梅隆大学的另一项研究也发现了类似的结果，他们让年轻人在完成语言类题目的同时，头脑中要闪现出三维立体图像。最终，题目的准确度虽未受影响，但完成的速度却慢了很多。与分别完成这两项任务相比，同时完成所需要的时间则更长。此外，大脑中相应的语言和图像区域激发的注意力比单独完成任务激发的注意力要少很多。"一心多用者在多任务处理的各个方面都很糟糕。"

所以，如果你经常处于一心多用的状态，那么你保持注意力的能力必然会越来越弱。事实上，经常这么做的人在过滤无关信息方面的能力确实不是很好。

锻炼你的注意力肌肉

就像你可以锻炼身体肌肉一样，你也可以通过锻炼大脑的某些区域来提高注意力。一项研究表明，三个月的冥想练习之后，注意力和大脑功能都会有显著改善。除此之外，你还可以尝试以下几种方法。

1. 为注意力计时

设置一个 5 分钟的计时器，在这段时间内完全专注于你要做的事。然后休息 2 分钟，再接着做 5 分钟。每天延长 5 分钟，休息时间里再增加 2 分钟。在 9 天内，你应该能够连续工作 45 分钟，然后给自己 18 分钟的休息时间。一旦你习惯了这样的安排，专注的时间也会随之延长。但重要的是，你的休息时间得到了有效控制。

2. 创建一个待办事项清单

互联网的最大优点就在于随时都能获取到任何信息。所以当我们工作时，脑海中常常会闪现想去查阅某个信息的念头——"我想知道明天天气怎么样？""那部电影是哪一年上映的？""我想知道我的朋友圈更新了什么？"当这些问题或想法突然涌入脑海中时，注意力其实已经偏离了正在做的事情。问题是，一旦分心，就需要大约 25 分钟的时间才能使注意力回归到原来的任务中。此外，来回转移注意力也会消耗脑力。

所以，你需要在电脑旁放一个本子，每当有想查看的问题，就立刻写个关键词在本子上，然后在休息时一次性查看。

3. 把它写下来

将每天准备处理的事情写下来。研究表明，把事情写下来不仅能帮助我们更准确地记住它们，还能使含氧血液流向有助于提高记忆力的区域。

神经学家约瑟夫·勒杜（Joseph LeDoux）说，我们的大部分长期记忆实际上是在我们的大脑中重写的，这取决于我们上次想起那段记忆时的情绪。换句话说，你小时候和你的狗玩耍的记忆只是你最后一次想到它的一个版本。你写的东西越多，你的大脑对你写的东西的记忆就会越强。

另外，如果你想在会议上或课堂中集中注意力，就将笔记本电脑放在家里，用笔和纸来做笔记。普林斯顿大学（Princeton University）和加州大学洛杉矶分校（University of California, Los Angeles）的研究人员发现，当学生手写笔记时，他们会更积极地倾听，并能够识别出重要的概念。笔记本电脑的操作方式不仅容易分散注意力，比如查收电子邮件或登录社交媒体，也会导致无意识的抄写。

该研究的合著者帕姆·穆勒写道："可能是手写笔记的人参与了更多的诸如一笔一画的写出字形、排列工整等文字处理的工作，因此记录下来的内容经过了大脑的提炼与加工，所以比用电脑进行无意识抄写具有更多的参考价值。"

4. 冥想

我们在本书中已经多次提到冥想对人体及心理的益处。而在提高注意力方面，它也依然非常有效。哈佛大学（Harvard University）的研究人员在 2000 年进行的一项研究发现，冥想会增大大脑中与集中注意力、深度思考和记忆相关的区域的范围。140 名志愿者参加了这次为期八周的冥想训练课程。八周后，所有志愿者的注意力持续时间都有了明显的改善，而且每天冥想 10～20 分钟就能达到这个效果。更重要的是，仅仅四天之后，你的注意力就会有所提高。所以，如果准备集中精力学习好几个小时，就在清晨集中精力呼吸几分钟吧。

5. 锻炼

锻炼不仅能提高身体素质，还能增强注意力，而且用时不多，当你发现自己无法集中注意力时，只需要出去稍微走那么一小段轻快的路，就能够重新让注意力回归。伊利诺斯大学的一项研究发现，体育活动可以增强认知控制。在参加了20分钟适度运动的ADHD（注意力缺陷多动障碍）后，学生注意力集中的时间更长，在学业成绩测试中得分更高，尤其是在阅读理解方面。

6. 保持水分

脱水不仅对身体有害，还会妨碍注意力的持久度。巴塞罗那大学（University of Barcelona）的一项研究发现，轻度脱水——哪怕只有2%——都会对注意力产生负面影响。事实上，脱水率在2%并不足以引发口渴，也就是说你根本意识不到自己已然开始脱水。所以在你开始一项需要集中注意力的工作前，一定要确保准备了充足的茶或咖啡。

7. 问问题

会议是很难令人集中注意力的。事实上，根据英国国家统计局（Office for National Statistics）的数据，近一半的员工认为太多的会议是他们工作日中最大的时间浪费。所以要想避免开会时领导突然提问而你正在神游的尴尬，你最好积极地多问几个问题，并且如果你提出的问题是个好问题，那么别人的回复不仅能让你保持专注，还能给你提供更多元的信息，帮助你提高工作表现。

8. 听音乐

听类似贝多芬这样的古典音乐可以帮助你集中注意力。斯坦福大学医学院（Stanford University School of Medicine）的一项研究发现，听交响乐可以激活大脑中与集中注意力、做出预测和更新记忆有关的区域。

9. 嚼口香糖

英国卡迪夫大学（Cardiff University）的一项研究发现，嚼口香糖可以提高人的警觉性与注意力。咀嚼本身就可以促进大脑兴奋点，因为它告诉身体营养物质正在进入大脑，没有饥饿之忧的大脑自然是很快乐的，那么它就会全力以赴地为你好好工作了！

10. 将注意力集中在一个物体上

舒服地坐在一个没有干扰的安静房间内，找一个可视的物体来集中注意力，比如一根地毯线、一个门把手、衬衫上的一个纽扣。

当你的思想偏离了目标——它肯定会偏离！没关系，再重新引导自己回归主题就行。每天练习10分钟，当你发现注意力有所提高时，根据需要再延长练习时间。底线是慢下来，关掉干扰，调整心态，集中注意力。这样你和你的大脑会更快乐。

Seven

策略性提升记忆力

和大脑海马区聊一会儿

海马区因为长得特别像只小海马，所以得名。虽然个头只有我们的拇指大小，但它负责的领域却很重要，我们的记忆和空间感都在它的管辖范围内，尤其是形成新记忆的能力。如果没有它，我们就无法活在"当下"：我们会被困在过去的旧记忆里，这听起来似乎有些科幻，但确实如此——为什么今天没有邮件（其实3小时前它已经被送来了）？我回家时应该走哪条路来着（因为空间定向障碍，你迷失在了家门口）？

除了记忆外，海马区还与杏仁核协同工作以巩固我们的情绪。比如，在一个聚会上，你会记住的大多是对你有情感影响的面孔，比如让你开怀大笑或使你感到尴尬的人，还有你的新同事……

海马区的诞生与消失

最近的人类研究表明，海马区中每天会有约 700 个新的脑细胞产生。然而，这些神经细胞如果在其新生阶段没有得到大量外部支持的话，它们是无法生存下来的。不过，只要我们给予一定的干预，海马区中的那些新生神经细胞就能够成长为一个活跃的神经成员，它们会在几周或几个月内变得更加成熟与强壮。

不可思议的是，如果我们的生活方式不健康，海马区中的这些神经细胞就极容易因此而递减，就像它们可以很容易地生长一样。并且缩减的速度与不健康的程度成正比，从几个月到几年不等。这些不健康的因素包括压力、焦虑、未治疗的抑郁、顺从、不受控制的饮食、随意的生活方式、吃垃圾食品和控制不良情绪。在这些风险因素中，每一个都被认为是未来患阿尔茨海默病的风险因素。

生成新的海马神经细胞的最好方法

1. 运动

在一项研究中，研究人员对两组老鼠的大脑进行了对比。A 组老鼠住在一个装有跑步轮的笼子里，B 组老鼠的笼子里什么都没有。经过一段时间后，与 B 组老鼠相比，A 组老鼠的海马区中产生了非常多的新神经细胞。其他研究也表明，每天步行一千米可以将患老年痴呆症的风险降低 48%。也就是说，你走得越多，海马区就会产生更多的神经细胞，患老年痴呆症的风险就越小。

更令人兴奋的发现是，布莱根妇女医院和哈佛大学医学院的神经病学的教练斯科特·麦金尼斯博士告诉我们："能够坚持定期中等强度锻炼超过六个月或一年的人，其海马区的体积都有了不同程度的增加。"

2. 饮食

最近的研究指出，每天出生的那些小小的准神经细胞可以通过摄取适当的营养、充足的氧气，以及 BDNF（脑源性神经营养因子）和部分有刺激效果的微量元素而长高、变大、变强壮。

这些营养物质来自合理饮食，包括橄榄油、三文鱼和其他富含 omega-3（ω-3）脂肪酸的食物，以及坚果。《自然评论》上发表的一项研究表明，血液中这些重要的脂肪酸水平越高，海马区就越大，记忆力就越好，患老年痴呆症的风险也就越低。

3. 学习新事物

通过不断学习新事物，比如学习一门新的语言，是延长大脑记忆能力的另一个非常有效的方法，甚至在我们变老时也能保持敏锐。

测试一下

提高记忆力需要多少运动？参与这项研究的人员每周两次，每次快走一小时，即每周 120 分钟中等强度的运动。标准的建议是每周大部分时间进行半小时的适度运动，或者每周

150分钟。如果这看起来令人气馁，就从每天几分钟开始，每周增加5~10分钟的运动量，直到你达到目标。

如果你不想走路，可以考虑其他中等强度的运动，如游泳、爬楼梯、网球、壁球或舞蹈。别忘了，家庭活动也可以计算在内，比如快速地拖地、整理屋子，或者任何能让你的心脏能快速跳动，让你出一身臭汗的事情。

你无法靠自己的力量来自我监督是吗？尝试以下办法：参加一个学习班，或者和一个对你负责的朋友一起锻炼，让他跟踪你的进步，这都会鼓励你达到目标。无论你选择什么样的锻炼，都要将其作为一种习惯。

测测你的记忆力

1.短时记忆容量测验法

使用方法：请别人按照下列数目序列，每次一行，从少到多，每位数间隔半秒钟，读给你听，然后你要立即复述出来。你能复述到多少位，就是你的短时记忆容量（广度）。一般以复述7位为正常水平，超过7位为很好，低于7位说明你的短时记忆容量较差。

第一次

842

7406

69318

921234

3517805

68294203

534830120

1209368213

70426043257

941962836705

第二次

571

3720

75943

806290

2538795

39081358

5790386252

7290386213

841960836502

第三次

381

1682

59627

423644

2865242

17593860

98642671901

1846271901

626149258037

2.记忆长度测试

请你用 2 分钟时间记忆下面 20 个词语后默写，看自己能按顺序记多少组词。

阳光 河流 手机 绿植 猫咪 房子 图书 河北 家园 公民

东方 咖啡 彩铅 樱桃 茶杯 电视 高山 飞机 开心 狂奔

注释：用你默写出来的词语的数量除以总词语数 20，再乘 100%，就可以得到你记忆长度的准确率。例如：你能够默写 10 个，你记忆长度准确率就是（10/20）×100%=50%。

3.定位测试

请用 1 分钟时间记忆下列 10 个词语，需要记住每个词语和相应顺序，然后默写，你能记准它们的位置吗？

星辰 书桌 网络 火车 鸟鸣 大江 蜗牛 黄山 汽水 精灵

你得感谢你的遗忘

如果你经常被人指责"丢三落四"，那么下次就要自信且有力地反驳他："我遗忘，是为了更好地记住！"这确实是事实——小小的记忆缺失实际上是你的大脑正在好好工作的迹象。

1. 健忘是件好事情

发表在《神经元》（Neuron）杂志上的一项研究称，对大脑而言，忘记信息——其实是大脑主动放弃了一些信息，这是它能够更好工作的一种必须为之的方式。忘记细节有助于我们记住需要记住的东西。这就如同我们写文章时必须要经过删除和校对，否则根本没办法写出一篇好文章一样。当然，这样的遗忘是发生在健康个体身上的遗忘过程，它与诸如痴呆或任何其他神经退行性疾病相关的遗忘没有一点关系。

2. 遗忘是为了更好地记住

每天，大脑都被数不清的信息包围着，但是大多数的信息是毫无意义的存在，它们更像是干扰我们决策的噪声，降低着我们的思维清晰度。如果大脑一件不落地全部记下来，那它必然超载直至瘫痪。大脑的主要目的并不是记住生活中的每个小细节，而是优化未来的决策。

因此，大脑有一套非常活跃的遗忘机制，它会快速将记忆做以分类，存储抑或丢失。那些被它认为是过时的信息就将归入遗忘清单。比如你高中时就没有掌握好的代数，后期也不怎么用得到，大脑就有理由觉得没必要再保留它。

3. 遗忘是为了更好的创造力

大脑通过遗忘来移除那些过时的、不必要的信息来为记忆减负提高其灵活性。所以，遗忘可能使不再有用的信息变得更难以获取，即我们日常所说"忘得死死的"。这使得大脑在检索重要信息时所使用到的资源更少、更有效率，从而提高了创造性思维的能力。因为被遗忘掉的部分不会突然从某个角落跑出来干扰大脑对新信息或新想法的获取。

4. 遗忘是为了更好地保护自己

遗忘对我们的心理健康也很重要。这听起来也许有点夸张，但是只要你想想抑郁症和创伤后应激障碍患者的痛苦，就能明白它的意义。遗忘是创伤后恢复的关键。有遗忘困难的人更容易抑郁和心理创伤。这就是为什么治疗创伤后应激障碍的关键因素之一是记忆抑制或遗忘。由此想到某部电影中的情节，主人公经历了巨大的灾难之后，为了重获健康，医生决定删除他的一部分记忆……想必编剧也是从这一理论中获得的灵感。因为遗忘的能力可以作为一种保护机制，帮助我们忘记过去的愤怒和痛苦，改善心理健康。

担心你的遗忘超过正常水平？

如何区分你的遗忘是否属于正常范围呢？你可以对照下面的两例来为自己诊断一下：

正常遗忘包括：

1. 忘记一段经历的一部分；

2. 忘记把车停在哪里了；

3. 忘记遥远的过去；

4. 忘记一个人的名字，但后来记住了。

非正常遗忘包括：

尽管研究表明，50 岁以上的人群中有多达一半的人有轻度健忘，这是与年龄有关的记忆衰退，加强训练会有所改变。但还有些迹象表明，你可能会有患阿尔茨海默病的危机，这包括：

1. 忘记一段经历；

2. 忘记如何开车或看表；

3. 忘记最近发生的事件；

4. 忘记曾经认识的某个特定的人。

另外，还有一些不良的生活因素也会导致大脑记忆能力下滑。压力和焦虑、注意力缺陷多动障碍、抑郁症、代谢性疾病，如甲状腺疾病、糖尿病、肺、肝或肾功能衰竭、酗酒、维生素 b12 缺乏、感染……

不过，不用太担心，由以上症状引起的遗忘行为会随着症状的消失而得以改善。

重要提示：虽然偶尔的遗忘也是件好事，但一定要分清楚自己的状态。如果经常出现严重的记忆问题（如忘记如何开车回家或如何操作家里的简单电器）就需要高度重视，它有可能与阿尔茨海默病或其他形式痴呆症、抑郁症、营养缺乏，甚至睡眠呼吸暂停有关联。这种记忆衰退虽可治疗，但也非常严重。所以，如果你有影响日常生活的记忆问题，或者频率及严重程度似乎在不断增长，就要立刻去看医生。

推荐你一些有助于记忆的小提示

1. 一次只做一件事，多任务增加健忘比例

一心多用和注意力不集中是健忘的主要原因之一，这一点在年轻人中尤其常见。所以放慢脚步，专注于手头的任务。

2. 减轻压力

压力会危害大脑中与记忆处理有关的区域，损害记忆。

3. 睡个好觉

睡眠很重要，因为疲劳会影响任何年龄段的记忆力和注意力。此外，睡眠也是忘记无关细节，抓住重要事情的关键。

4. 多做记录

将想要做的事、准备读的书的名称、购物清单等，用日历、时钟、列表、电子邮件等写下来，提醒自己。中国有句谚语说得好："最淡的墨水也胜过最好的记忆。"

5. 尝试一些记忆技巧

例如：当你想学习的时候，先将能够干扰你的事物清理掉；每次使用物品后都要把容易丢失地放在同一个地方；要记住一个人的名字，在介绍之后要重复几次；如有需要，请为所有账户使用相同的个人识别号码。

6. 用闹钟提醒自己

不要写下待办事项的清单后，就将其放在一边。虽然把任务写下来可以帮助你记住它们，但是你应该设定个闹铃来时刻提醒自己。

记不住？听一会儿音乐吧

想拥有过目不忘的记忆力吗？嗯，每个人都希望。不过，很遗憾本书不是一本专业提升记忆力的书籍。本书想告诉你的是，通过哪些途径可以使大脑的记忆区域受到一些影响。而音乐就是记忆环节中最让人欣喜、最易操作的媒介之一。

在告诉你如何使用音乐提高记忆力之前，请先来了解一下音乐影响记忆力的一点科学推理。

脑波与音乐

为了真正理解科学，让我们从一个例子开始：你明天要参加一场考试，你在读同样的旧笔记，但你似乎什么都记不住。

这真是违背常理！我们知道的是，当长时间、足够专注于某件事时，我们关注的信息片段就会被转换成电脉冲，通过突触在大脑神经元之间传递。这就意味着经常重复某件事，我们就会加强神经元之间的联系，创造出一种记忆。那么，到底是什么阻挡了那些学习内容进驻记忆区呢？

其实，这都是脑波在捣乱！我们记不住的原因是因为受到了大脑产生的 α 波和 β 波的影响。α 波近似于一种冥想的状态，带给人以平静和放松；β 波则令人深度集中。也就是说，人在最放松舒服的时候，α 波会自然出现，大脑就能够激发出无限可能性。

有一种名为"潜意识"的音乐疗法就是利用了 α 波。该类音乐以能使人放松的自然音效为主，用以刺激人的潜意识，提升想象力，激发灵感。

所以，尽管你努力地记背，但是内心却时时感受着考试即将临近的压力，β 波持久地主导着脑波，使大脑不得放松，无法产生 α 波，进而也就难以记住什么了。

因此，考试前多听一些 α 波类的音乐，可以诱导大脑进入冥想状态，当大脑变得不易受干扰之后，它就能正常吸纳任何你想记住的东西了。

那么长期记忆呢？

除了由紧张任务引起的短暂压力（或急性压力）外，慢性压力则会破坏我们的长期记忆能力。慢性压力比急性压力更糟糕的一点是，它还会导致实际的健康问题，比如高血压和心脏病。当压力长期存在时，我们的多巴胺和血清素（这些被称为"神经递质"）等激素会在慢性压力过程中因为失衡而导致大脑物质丢失，影响已经形成的突触，使其无法将想要记忆的信息传递出去。

更重要的是，这两种神经递质在记忆形成中都扮演着重要的角色，但它们也都可以受到音乐的影响。因此，如果学习时听一些适合的音乐，你的学习效果很有可能会超出你的预期。

1. 莫扎特效应

关于莫扎特先生的音乐效应，已经被神经学领域的专家们多次研究并证实过。尽管有些结论也存在着矛盾点，但是总的来说，在完成一项任务前听一听莫扎特的音乐确实能够提高我们正确解决问题的能力。当然，这一影响也因人而异。比如你对于莫扎特和古典音乐从来都没有兴趣，你的认知能力会增强多少就难以估计了。

2. 维瓦尔第的效果

维瓦尔第先生的音乐总是有一种华丽感，但据研究证实，维瓦尔第效应也同样存在，尤其是他的那曲《春天》。这项研究的参与者听了维瓦尔第所有的"四季"音乐会，但"春天"的第一部分被证明是最成功的，因为它能提高记忆力和注意力。

所以，无论是莫扎特还是维瓦尔第，他们的共同点都是古典音乐。也就是说，古典音乐以及环境音乐因其没有分散注意力的歌词，而被证明是最有助于记忆的音乐。它们既能改善我们的情绪，也能使大脑更放松。

3. 增强记忆的歌曲

下面的歌曲是为了提高你在工作或学习时的注意力。尝试不同的选择，看看哪一种能增强你的思维或任何与记忆相关的东西。

1. 莫扎特的 *Eine kleine Nachtmusik*

Eine Kleine Nachtmusik 有一个活泼的节奏，会让你感觉

更有活力。它还会提高你的多巴胺水平！这会帮助你更好地记住新信息。

2.贝多芬的《月光奏鸣曲》

《月光奏鸣曲》这是一首能使人平静下来的乐曲，它可以调节血清素的产生。如果你开始懈怠，那些更吸引人的部分会让你重新集中注意力。

3.莫扎特的《降 B 大调大管协奏曲》

《降 B 大调大管协奏曲》为您提供了一个轻松的节奏，引导你的思想沿着一个自然的路径延续，直至让你变得更有理性、更赋有情感。

4.Luciana Espiritual 的环境音乐

Espiritual 创作的环境音乐节奏柔和，使人放松，有助于你集中注意力。

5.皇后乐队的《波希米亚狂想曲》

《波希米亚狂想曲》注入了一种激励人心的节奏，每当前奏响起，总是容易让人热泪盈眶。而它那变化迥异的旋律线和令人兴奋的节奏，更是令人激情澎湃。

6.贝多芬的《费德里奥序曲》

《费德里奥序曲》充满活力，不会让你在学习的时候陷入梦境。它会在更激烈的部分给你足够的动力，但它的另外部分也会带给你一些平静的感觉。

7.《命运之兵》(*Soldier of Fortune*)

《命运之兵》是一首很好听的歌。虽然有歌词，但是因其旋律重复，所以容易让人忽略这儿的节奏和强度的变化。

8.《查拉图斯特拉如是说》

《查拉图斯特拉如是说》是一部鼓舞人心的作品，它的节奏感会帮助你与学习保持步调一致。

颜色对记忆的影响

不管你知不知道，颜色对你的大脑看待世界的方式有很大的影响。你知道当你看着海绿色或柠檬黄时，大脑会有不同的感觉吗？这是因为颜色对大脑、感觉都产生了一定的影响。

品牌推广博客 brain Based Biz 报道："颜色影响大脑，因为它能极大地作用于我们的生理机制，包括焦虑、脉搏、血液流动和觉醒。"颜色对感官产生影响的原因之一是记忆。

最近的一项研究调查了人们对单词的记忆和对颜色的记忆的差异。结果表明，人们对颜色的记忆程度较高。当人们被要求回忆物体和颜色时，颜色记忆明显更强。即使当人们试图记住单词或物体时，颜色对记忆的影响也最大。

通常，颜色鲜艳且冷色和暖色搭配得当，可以促进记忆；而颜色暗淡，冷色与冷色搭配，色调抽象的，则会阻碍记忆，并且阻碍的还是快乐的记忆。那些诸如恐怖、丑陋等类似消极影响的记忆却能够在大脑中任意游走。

什么是快乐的颜色记忆呢？比如在你的面前有红色的重

叠色调，你会觉得喜庆，你的记忆中会有活泼、开朗、开心、豁达、暖色调的快乐记忆，从而将色彩化为快乐，忘记你的忧愁；但是，如果你面前出现的是蓝色重叠色调，它的深邃和忧郁感会让你产生一种喜欢亲近冷漠孤独的人的冲动，这种记忆会保持很久。其实，颜色是否积极也取决于你在看待颜色时的心境，进而影响记忆对心理的深刻程度。

以下是几种颜色及其对大脑的影响：

深蓝色——与夜晚有关，常导致被动。

蓝色和绿色——使人平静——蓝色是所有文化中最受欢迎的颜色。

红色和橙色——令人兴奋。

红色——刺激兴奋，用于点燃赌博心理。

粉色——有趣的是它能让监狱里的犯人平静下来。

零售疗法的测试

因为颜色可以改变人的心情，所以你买的东西也会受到你所看到的物品颜色的影响就不足为奇了。

通常，户外颜色，如绿色和蓝色，与体育用品商店有关；红色总体上可能会刺激进场行为，但它并不适于零售环境，不过用于赌场的照明设备倒是很合适。总之，特定环境中的颜色使用都是与心理学有关联的。

认知心理学的一个关键结果是，我们对生活的感知是主观的。我们会根据当前的状态和心情来给我们所经历的事情上色。但是无论如何，颜色对于人的影响还是显而易见的，这一点可以从人们购物的选择速度及决定中得出。研究表明，人们在与人或产品进行最初互动的 90 秒内就会做出购买决定。62%～90% 的评估仅仅基于颜色。

更多的研究也指出，颜色可以将商标的辨识度提高 80%，彩色的广告更能吸引人们的注意力，生动的颜色线索可以提高阿尔茨海默病患者的短时记忆表现。因此，我们可以通过灰色的背景以及对物体表征度高的颜色进行搭配来提高人们对于产品的注意力和长时记忆。

打字是如何破坏你的记忆的？

以前开会，我们都是清一色带个笔记本——真正的纸质笔记本。而现在，我们也都是带着个笔记本去开会，但其实这是台轻薄的小型电脑。电脑打字快速，存储量大，都觉得是记录史上的进步。

可是，这里要告诉你一个坏消息：如果你在会议上使用笔记本电脑做笔记，或者使用应用程序创建待办事项列表，那么你以后能回想起这些信息的概率可能会受影响。

最近发表在《心理科学》（*Psychological Science*）上的一项研究发现，在记笔记方面，笔比键盘更强大。所以，有很多理由能让你重新开始古老的手写，因为它对我们的大脑真的很有帮助！

手写的好处具体表现为以下几个方面。

1. 增加学习理解与记忆力

在笔记本电脑上记笔记可能要快得多，但研究证明，那些手写笔记的人实际上比用电脑记录的人能记住更多的信息。

一项研究发现，与用电脑记笔记的学生相比，用手写笔记的学生对一节课的理解能力更强，即使用电脑的学生能打出更多的信息。

这项研究的主要作者普林斯顿大学心理学家帕姆·穆勒（Pam Mueller）在担任研究生助教时注意到了这种差异。

通过三项不同的研究，穆勒测试了记笔记技巧对记忆力的影响。首先，她让两组学生做演讲的笔记，一组用笔记本电脑，另一组用笔和笔记本。虽然两组都在涉及回忆事实的问题上都得到了较好的分数，但手写小组在概念问题上的得分要高得多。

穆勒说："在笔记本电脑上做笔记的学生基本上是在抄写讲课内容。而手写组因为抄写速度慢，所以做笔记时必须更有选择性，只能选择那些最重要的信息抄下来。"这促使他们必须要仔细倾听，并迅速做出判断，记哪些，忽略哪些。

在第二项研究中，穆勒告诉使用笔记本电脑的小组尽量不要逐字逐句地记笔记；然而，学生们根本没办法做到这一点。"这是一种根深蒂固的技术限制。因为你真的很难在电脑上随意书写，电脑的光标就是那么一行一行，每挪动一下，都必须得按下很多次空格键才行，这就不如在纸上书写时更加自如与便捷。"穆勒说。

在最后的研究中，穆勒允许每一组回顾他们的笔记，并在一周后针对他们的笔记进行测试。她预计笔记本电脑笔记员的成绩会有所上升，但事实并非如此："我们很惊讶，尽管电脑组记录了更多的内容，但他们依然没有手写组的成绩好。"

2. 充分利用你的大脑

写作需要你动用更多的运动技能，以及大脑中一系列被称为视觉与阅读神经回路间的连接。这比打字更能激活我们大脑的各个部分。

把字写在纸上的行为激活了大脑的某些区域，帮助学生提高他们的理解力。与在键盘上打字相比，它还涉及更多的感官和运动神经元。

3. 镇定身体和神经

笔迹专家马克·赛弗博士建议说："每天至少写20遍'我将变得更平和'这样的句子，它确实会对心理产生影响。这个方法尤其适用于注意力缺陷障碍患者。"

此外，手写还能使人更容易专注，并让大脑平静下来。这也不由让人想到我们的书法家，似乎都很长寿、很智慧。当然，如果晚上睡觉前，写一会儿字，也是一个很好的使人放松的办法。

4. 减缓心理衰老

由于手写具有帮助记忆信息，保持思维敏捷的能力，因此它也成为年长者保持良好记忆力的好工具。2012 年的一项研究还发现，对心智正在发育的儿童来说，复制形状扮演着重要的记忆角色——所有年龄层的儿童都能从中受益！

5. 释放创造力

手写比打字更能激发你的创造力，而且这一方式也更具有艺术性，因为每个人的笔迹都极具个性化，字体中隐含着每个人的性格特点。这就像一个艺术家拥有自己独特的媒介一样！

6. 减轻抑郁和焦虑

当你感到悲伤或压力大时，把你的想法写下来，把它们具体化，这是一种神奇的疗法。手写是有节奏的，所以它有助于将你不稳定的思想带入平静流动的状态。而且，当你把每个词语缓缓写出来的时候，你能更深刻地感受到它们的含义，所以当你把遇到的问题写在纸上的时候，你也许可以更容易地处理它。

7. 增强注意力

这一点很简单——在电脑上打字意味着你离无穷无尽的娱乐互联网只有一个鼠标的距离。比起手写，你分心的概率要大得多。所以，如果你需要控制你短暂的注意力，手写可以帮助你集中注意力。

8. 刺激大脑

用草书写东西，那种从左到右的美丽的古老书写形式，可以协调左右脑。因为书写时，大脑调用着不同的脑区，循环往复。

9. 对抗阅读障碍

手写可以通过改善大脑记忆功能来帮助对抗阅读障碍。手写的缓慢节奏非常适合有阅读障碍的人慢慢记忆并理解字词的含义。

10. 提高认知能力

对于年幼的孩子来说，手写是提高认知能力的必要工具。例如，孩子们在学习如何写字母或画形状时，手写比通过技术学习受益更多。"有很多研究表明，随着孩子的成长，那些手写的孩子有更好的记忆力。"

哪种方法最好？

穆勒说："有时候，手写笔记会更有益处，但有时候用电脑做笔记本也是不错的选择。重要的是，人们应该清楚自己何时选择何种方式做笔记更合适。"

当你准备对要记下来的材料做更深刻的理解时，比如在会议或研讨会上，手写笔记会迫使你在听的同时就要对文字做更多的处理。因为你没有充足的时间将所有发言者的每句话都记下来，你需要做出选择，你就会想得更多，这样你就会对当时最重要的事情有了更多的了解。但是，如果你需要将领导的指示记下来时，无疑电脑笔记会记录得更快、更全面。

不过，如果你能使用那种可以在电子设备上做手写记录的电子产品，那将是最完美的。

非常实用的几个记忆技巧

在很多方面，我们的记忆塑造了我们，它们构成了我们内心的传记——告诉自己我们在生活中做了什么，与谁相连，接触过谁，谁又与我们有联系。简言之，记忆决定着我们的生活本质。

然而，很多时候由于种种原因，记忆却不愿意好好配合我们。考试时，费时半日看过的材料它一点都提供不出来；工作时，一堆事务等着完成，可它却偏偏缺席，让你总是因为忘记了某事而手忙脚乱。最糟糕的是，你还因此错过了家人的生日、重要的约会……

所以每个人都想成为记忆超人，并希望能从专业提升记忆力的书籍中获得魔力。只是专业办法有些像做数学练习题，恐怕没几个人有耐心一个题一个题地去练习。

那我们还是现实一些吧，记忆源自生活，让我们的记忆力从生活中得到历练。不过首先，我们需要先了解一下记忆的基本形式——短期记忆和长期记忆。

短期记忆是大脑用来储存临时信息的一种记忆，比如你与人第一次见面时能否记得住对方的名字。研究表明，短期记忆的容量大约是7条信息。在那之后，有些内容就会自动消失。

如果短期记忆中有需要长期保留的内容，大脑再将其转入长期记忆库中，但转移时需要一个完整的时间来进行。如果转移过程中，突然又有其他信息涌入且超过了 7 条，那前面未及时转移的信息就会被挤掉。

所以，提高记忆力的关键点就是处理好那 7 条信息的选择与转移，之后你会发现记住某事也挺容易。不过，在介绍记忆技巧前，有三点你必须做到，否则，一切无从谈起。

1. 一定要睡足

睡眠能提高记忆力这已是不争的事实。大脑在学习了新知识后，如果你能立刻睡一会儿，那将有利于巩固这些记忆；而在它睡足之后，又能帮助你处理新的记忆内容。所以，充足睡眠 = 好记忆。

2. 一定要运动

大脑需要良好的血液流动和氧气才能正常运作，而达到这一目的的最好方法就是运动。每天至少进行 20 分钟的适度有氧运动。

如果你正在做需要记忆的工作，那么每学习 20 ~ 30 分钟后就起来运动 5 ~ 10 分钟，为大脑充氧之后，它会帮你记得更扎实。

3. 一定要开心

持续的担忧和压力是记忆杀手，长期的压力会杀死负责记忆的海马区中的神经元。当压力变得强烈或持续太久时，它就会抑制新记忆的形成，阻碍对旧信息的回忆。所以当你感到压力过大时，最好停下正在做的事，出去散散步，放松一下。

如果你能保证自己多数时候都能够精力充沛，那么以下几种建议将对你有帮助。

1. 专注，一定要专注于想要记住的事情上

无论你想记住一个名字、一个动作，或任何其他信息，有意识地集中注意力，你会惊奇地发现你的记忆是多么可靠。人们记不住别人名字的最重要原因是他们在听介绍的时候没有用心关注那个名字。

2. 尽可能避免一心多用

在本书中我们提到过"一心不可二用"，这句古老的名言现在看起来是多么睿智。因为研究表明98%的人根本无法做到同时处理多项任务，大脑每次只能专注一项活动。多任务处理其实是大脑在不同的活动之间来回地切换，人与人的不同只是在于切换的速度快慢不同。但是切换就意味着大脑一定会丢失一些信息。切换越多，失去越多。你觉得一边走路一边背单词是只在做一件事吗？躲闪路人，背诵，等红灯，背诵，转弯，背诵……你瞧，7条信息中你有几条能转入长期记忆中呢？

3. 将记忆的内容形象化

可视化是一个强大的工具，为了记住新信息，我们必须把它和我们已经知道的东西联系起来，创建一幅写实的画面，以提高我们对任何类型信息的记忆力。

举个例子：我丈夫让我下次见到我朋友 A 时，要记得向其借一本修理方面的书。

要记住这一点，我必须要在我朋友和书之间建立个联系，

以便提醒我见到他时还能记得这件事。于是，我便反复想象朋友Ａ打开门时，头上顶着一本大书，手里挥舞着一把大扳手。我打了声招呼，可他因为头上顶着书，所以小心翼翼地"嗨"了一声。之后，我去见Ａ君时，看到他的第一眼我就立刻想到了我曾经想象过的画面，立刻想起了我要借的那本书。

4.克服门槛效应（The Doorway Effect）

很多时候，我们准备去另一个房间做某事时，往往发生人到位却想不起要做什么的"事故"。这是为什么呢？科学上称其为"边界效应"或"门槛效应"。这是因为我们所处的外部环境与心理环境发生了跳跃或改变。穿过一间屋子时，心里想着别的事。大脑因为骤然切换一个全新的环境，思维、现实同步改变，于是我们的大脑在经历了突然改变的环境后，会一时反应不过来。这也是我们曾多次讲过的，大脑一次处理一件事。

因此，当你去往另一个房间之前，可以着重想象或告诉自己要去做什么。比如你准备去厨房拿水杯，那么当你还在客厅时就先想象一幅生动的场景——你走到厨房，打开厨门，拿出水杯。然后，去拿吧！

5.为要记住的名字加注解

当我还是老师的时候，最苦恼的一点就是经常记不住学生的名字，这也为我的课堂造成了一定的困扰与尴尬。为此，我尝试了各种办法，终于觉得下面的这个方式对我而言效果不错，希望也能对你有帮助。

比如，某人的名字是"蓝波波"。你需要记住它，那么先问问自己，这个名字对我有趣在哪里？嗯，蓝波是海水的波纹，看起来是蓝色的、一波一波的水纹荡漾着……

6. 让五种感官都能参与到记忆中

当你需要对记忆进行编码时，你所涉及的感官越多，记忆就会变得越强。这就是为什么妈妈自制饼干的味道无论过了多久都能使人想起，因为在那块饼干中还融入了她对你的爱，以及她做饼干的各种情景。所以，当需要记住第一次见面的人的名字，你可以这样做——重复他们的名字时，直视对方的眼睛，并与其握手……这样做的同时，你已经调动了五种感官中的触觉、听觉和视觉。

7. 制作虚拟数字形状挂钩

研究表明，当你第一次接收信息时，如果能够尝试着将信息与头脑中已有的信息或经验联系起来，想象两件事关联的过程会使记忆的印迹更深刻。比如，利用数字形状来连接你要记忆的内容就是一个很不错的办法。

1. 在纸上写下从 0 到 9 的数字。

2. 现在仔细想象每个数字的形状会让你联想到什么？将其写在数字旁边。例如：

"0"是足球；

"1"是手杖；

"2"是鸭子；

"3"是蛇；

"4"是信号旗

……

3.排练几次你的联想：在脑海中浏览列表，尽可能生动地想象每一个物体。这些对象成为你的虚拟记忆挂钩，随时可以在下面挂上任何想要记忆的内容。例如，你想记住一份购物清单：

一箱牛奶

衣服

西红柿

……

那么，让我们来将它们与数字形状挂钩联系在一起。

"0"是足球：想象一下把一个足球（数字"0"）和牛奶盒一起扔到牛奶架子上。受到撞击后，牛奶盒四处弹跳，有些盒子突然打开，牛奶溅得到处都是……

"1"是手杖：想象一下，当你正要拿起那件心爱的衣服时，不知从哪里伸出一根手杖将衣服挑起飞走了……

"2"是鸭子：一只灰鸭子头上顶着一个大大的红色西红柿正在一扭一扭地从乡间小路走过来……

对清单上的每一项都继续这样做。之后，你只需从数字0开始回忆，就会想起所有你要买的东西！

8.不必动用记忆脑区也可以记住很多事

为了提醒自己清晨醒来记得给大脑补充水分，直接在床边放杯水将比刻意记忆更直观而有效。同样，想要记得将书还回图书馆，那就把它们与车钥匙放在一起……对于这样简便易行的记忆方法，大脑也乐得省时省力，因为你帮助它减轻了负担。

9. 不用记笔记，去洗个澡就可以了

大脑经常会在特别奇怪的情况下想到一些绝妙的主意，如果你不抓住它们，它们很可能会永远消失。而洗澡时，身心放松，灵感往往呼之欲出。

所以，如果你正在为一场演讲做准备，通常的做法多是将其写在纸上，然后大声朗读几遍是吧？不过，如果你能将每一段的关键点提取出来，并将其钉在10个编号挂钩上，那么在演讲的过程中，你只需将每个编号下面挂着的关键点想一遍即能顺利地"夸夸其谈"了。

要知道，大脑最喜欢做组织加工信息的琐事了。因为经过那样一翻自我组织分类之后，大脑可以对内容的理解更加深入。这就是书里有章节以及学校推荐使用大纲来学习的原因。

10. 游戏也能促进记忆力

游戏从来都被认为是既耽误时间又百无一用的事情。但是，这样的看法对于填字或数独游戏来讲似乎有些不公平。因为这两种游戏已经被证实其有助于促进大脑记忆力，不妨一试。

以上方法都需要在日常生活中多加练习，养成一种记忆习惯之后，你会发现自己的生活越来越有条理。

Eight
体重久减不轻跟大脑有关系?

味觉受骗记

前文我们已经讲过味觉对于大脑健康的重要性，但味觉的本职工作还是要负责我们吃出"美"感，以保证身体更健康。因此，当我们咬下一口蛋糕时，味觉的感受器味蕾会立刻将"又甜又软"这个味觉信号传递给味觉中枢神经系统，然后它们综合其他脑神经的意见来决定我们是继续吃还是立刻停嘴。不过，有时候它们的意见也不见得百分之百准确，可是这样的失误率却会让我们一不小心吃成个"胖子"！

1. 耳朵对味觉的"误导"

吃饭时，如果能让耳朵也参与起来，那么饭吃起来会更有趣。实验发现，如果在人们嚼薯片的时候给他们听脆响的声音，就会使他们觉得吃到的薯片更脆、更新鲜，结果就是不小心吃多了！

另一项研究发现，如果把酒吧里音乐的音量从75分贝（电话铃声的音量）提高到91分贝（狗狗大叫的声音），男士每次点的饮料会从平均2.9杯增加到4.3杯，而女士则从1.5杯增加到2.1杯。知道了这一点，也就不难理解为什么酒吧的音乐总是震天响了。因为高音频使得大脑会调用大部分精力去优先接收处理这些杂音，与此同时，嘴巴又在不停地吃喝，大脑分身不及，致使管控力度下降，于是不小心又吃多了！

所以，用餐时，多听一些舒缓悠扬的音乐声，大脑才能在轻松的氛围中帮你控制饮食，感受食物之美。

2. 眼睛对味觉"说了谎"！

人们常说"眼见为实"，但眼睛有时候也会欺骗我们，甚至跑到味觉系统来捣乱。美国西北大学的一项实验中，受试者做完一项关于几何图形的工作后每人分到几块奶酪吃。这些奶酪形状不同但质地相同。结果他们觉得切成带尖角形状的奶酪比圆角的奶酪口味更浓烈。看到这里，相信你再吃到三角形的食物时也许会想想它为什么就那么好吃。

关于眼睛对于味觉的不可靠性，我们还可以从下面的一个小游戏来证实。

色彩促饭法

准备：无色甜水，红、粉、橙等食物色素，四个玻璃杯。

开始玩：

步骤1：把甜水分成四份，分别倒入四个玻璃杯中。

步骤 2：给杯子编号：杯1、杯2、杯3、杯4。

步骤 3：在杯1中加入红色食物色素；在杯2中加入粉色食物色素；在杯3中加入橙色食物色素；杯4中的水是无色的。

步骤 4：尝一尝每个杯子中的水。感觉哪个最甜？

这与英国研究人员曾做过的试验类似。他们让57名志愿者品尝口味相同，但放在不同颜色杯子里的热巧克力。之后，他们要按甜度、味道以及他们的喜爱程度按照从1～10的等级打分。

结果是，橙色和淡黄色杯子里的热巧克力得分更高。多数人都觉得橙色杯子让饮品的味道更浓，淡黄色杯子则增加了巧克力的香味和甜度。

此外，在用颜色促进或减退食欲的实验里还发现，红色在促进食欲方面得分最高，橙色次之，黄色稍低，黄绿色更低，绿色略有回升，蓝色高一点，紫色差些。

这些都是因为颜色和食物的品质一起作用于大脑，从而产生出了对味道好坏的感受。由此可见，我们可以通过颜色来"欺骗"大脑，让我们重新爱上那些健康却不好吃的食物，厌恶不健康却非常美味的食品。

非正式的正念饮食

你经常边走边吃东西吗？或者吃饭的时候一心多用，一边吃一边还要忙着翻翻手机或看几眼电影？不知为什么，人们的生活越来越忙碌，这也意味着人们很难静下心来享受一顿饭了。但也在这种不知不觉中，不健康的饮食习惯就已形成。

所以，我们每个人都需要一些能够帮助我们改掉不良饮食习惯的好方法！比如"正念饮食"。

不过，很多"正念饮食"强调的是停止无意识饮食。吃饭必须要专心致志！要将所有的注意力都放在每一口食物上，全身心地、无杂念地感受它的味道、口感等，这有些类似于静修、冥想的状态。但是这样的饮食理念不是谁都能做到的，更不用说我们的朋友、家人和同事可能也没有耐心和我们一起那样吃饭，因为我们每吃一口都要敛声静气地用时 5 分钟。所以，我们的"正念饮食"其实有些因环境而就简的意思，可以称为"非正式的正念饮食"。

但我们的主要目的依然是要真正关注我们吃到的每一口食物。也就是说，要将注意力全部用于你正在吃的食物上面。全神贯注于食物的样子、气味及味道等。比如注意自己为什么想吃东西（是出于饥饿抑或无聊）？正在吃什么？细细品味食物的味道。

正念饮食不是一种"时尚"或"节食"。这是关于培养一种健康的饮食态度，试着与我们所吃的食物以及它如何影响我们的身体和健康联系起来。

学会"正念饮食"的好处

当你有意识地关注你的饮食方式时，你可以学着倾听你的身体，识别食物给你的感觉，真正地品味食物的味道，这样一来，你会——

1. 享受到食物带给你的乐趣！

2. 谨慎地进食还可以鼓励你习惯于彻底地咀嚼食物，不仅有助于消化，而且会因为放慢了吞咽的频率，使你逐渐确定自己什么时候开始就吃饱了，从而也减少了暴饮暴食的机会。

怎样进行"正念饮食"？

1. 慢慢吃，让感官有存在感

快节奏的社会以丰富的食物选择诱惑着人们。可是当手机、电视、电脑成为用餐的一部分时，吃东西又变成了一种无意识行为，嘴巴会趁你不注意时快速收纳超量级的食物，大脑的预警系统在这个过程里是极端滞后的，它需要整整 20 分钟来评估、判断，然后下结论告诉你是否吃饱。而这 20 分钟里，你还在不停地吃着吃着……所以，在大脑得出你已经吃饱的结论时，你早已经吃撑了！

但如果你能"正念"吃饭，就意味着你的感官（味觉、嗅觉、视觉、触觉、听觉）都必须把注意力集中在食物上！当你咬下一口食物之后，随着每一口的咀嚼，感官们便开始积极地帮你感受食物的色泽、质地、味道、口感等，而你的进食速度也会随之慢下来。最关键的是，这样的慢食习惯，会让你对食物以及它们带给你的反应之间创造一个空间，让大脑有时间和自由来选择你到底应该不应该吃掉它！

一项研究发现，在对肥胖女性进行为期 6 周的正念饮食调理后，暴食的次数从每周 4 次减少到了 1.5 次。每个人的发作严重程度也降低了。

2. 怎样避免无意识进食？

首先，一定要在指定的餐桌上吃所有的食物和零食。坐在沙发上边看电视边吃东西的直接后果就是无意识进食！身体也由此积存了超量的食物和热量。不过，我相信没几个人能做得到这一点！要知道边看节目边吃东西也是一种享受。既然如此，就只能从选择看电视的食物上想办法避免无意识进食了。比如葵花子、无糖水果、可以生吃的蔬菜等都是解馋的好食品。

如果你正在厨房闲荡着想要找些东西吃时，最好问问自己是真的饿了还是只因为无聊想吃点什么。

此外，建立"吃饭是家庭大事件"的观念。所以进餐时记得放下所有的电话和其他电子设备，专注于高质量的谈话和用餐。

还有一点也容易让人沦陷在无意识进食中，那就是我们很小的时候就已经根深蒂固的——不要浪费食物的观念！我们总是习惯性地尽量将盘中饭吃得干干净净！可是，这样却减少了身体对饥饿和饱腹的感觉与概率。但也真的不能浪费食物，怎么办？其实，只要控制好做饭的量以及盛饭盘子的尺寸就可以彻底解决这个鱼与熊掌的问题。即少做一点，以及改用小尺寸的盘子就可以减少暴饮暴食的机会，而且能够给大脑一个少吃饭的暗示。

3. 如何做到慢速吃饭？

慢速吃饭的简单方法可能只需要好好遵循你祖母唠叨过的一些礼仪就足够了。比如一定要坐下来吃饭，每一口咀嚼25 次（或更多），每一口之间放下筷子，所有这些古老的礼仪如今看来也还是挺有道理的，至少它们可以让你放慢进食速度，更深入地倾听身体的饥饱信号。

4. 好好享受你的美食吧

正念饮食的最大好处就是可以让人体会活在当下的感觉。此外，不要刻意评判食物的"好""坏"。虽然健康饮食对能量、成长和整体健康很重要，但与食物保持良好的关系更为重要。如果你限制你爱吃的食物，或者告诉自己某些特定的食物是"禁止食用的"，那么你就会失去吃东西的乐趣。

选择一些健康的食谱，做一些颜色养眼、味道悦胃的食品——能让你更容易真正注意到你在吃什么。总之，试着把吃饭作为家庭时间的一部分。它能给你的生活带来一场变革！

你最喜欢的食物中哪些不能吃?

大脑是身体中最重要的器官。它保持心脏跳动、肺呼吸和身体的所有系统功能。而健康的饮食则是保持大脑能够在最佳状态下工作的基础。但是,很多食物虽然让大脑上瘾且难以割舍,却并不一定健康。

1. 糖

大脑与糖的关系是复杂的。大脑需要糖!事实上,葡萄糖是人体几乎每个细胞的主要燃料来源。而大脑对于葡萄糖的喜爱近于"贪婪"。每天,它会消耗掉身体中 50% 的糖。因为如果血糖太低,那么大脑就无法正常工作,也不可能像预期的那么敏锐。通常这个状况会出现在某顿饭没吃或吃得太晚,当你越来越饿时,你会无法集中注意力,昏昏欲睡,甚至易怒。

因为大脑正在耗尽能量,所以它在优先考虑哪些功能最需要葡萄糖;像肢体运动这样重要的事情它必须要保证其正常,但对于像了解本月销售情况这样的事物,大脑就觉得没那么重要而减少份额比例。所以每到此时,大脑最渴望的就是得到葡萄糖!

除了能量需求之外,大脑对糖的反应还有使人快乐的因素。当你吃一口含糖的东西时,首先产生的反应便是舌头上的甜味感受器被激活,负责处理我们所有味觉的大脑皮层会立刻发出一个奖励信号,也就是说大脑很喜欢这个味道,它鼓励你再多吃一点。于是,当你吃了一堆甜甜圈后,大脑会让你有一种温暖而满足的感觉。也正是这个原因，我们多数人都无法抵挡甜食的诱惑。

可是，吃糖超标的后果是什么呢？加州大学洛杉矶分校大卫·格芬医学院神经外科教授费尔南多·戈麦斯·皮尼拉说："我们的研究结果表明，你吃的东西会影响你的思维……长期食用高果糖食物会损害你的大脑学习和记忆信息的能力。"

2015年发表在《营养神经科学》(*Nutrition Neuroscience*)上的一篇论文称，研究人员发现："高果糖饮食会导致大鼠的外周胰岛素抵抗和海马区胰岛素信号通路异常，从而加剧记忆缺陷。"

2. 精制的碳水化合物

碳水化合物因为名字不直接叫"糖"，所以特别容易被人忽视它的一些负面效应。事实上，任何的碳水化合物（购买食品时，看一下配方表，你会发现自己其实每天都在吃糖，尤其是准备减重的人）在进入我们的消化系统后，都会被分解成糖，并把这些糖分子释放到血液中。也就是说，大脑需要的糖可以从很多食品中获得。这也是为什么很多人会越来越胖的原因，因为它的含糖量太过隐蔽。尤其是精制碳水化合物的食品，比如面粉、大米等，这些类型的碳水化合物通常具有高血糖指数。这意味着你的身体会快速消化它们，导致你的血糖和胰岛素水平飙升。

研究表明，仅仅是一餐高血糖负荷的食物就会损害儿童和成人的记忆力。如果 6～7 岁的儿童饮食中含有大量的精制碳水化合物，他们的非语言智商就会较低。另一项针对健康大学生的研究发现，那些摄入较多脂肪和精制糖的学生记忆力也较差。这种对记忆的影响可能是由于海马区的炎症，以及对饥饿和饱腹感的反应。所以，选择食品时尽量以低碳水化合物为主，如蔬菜、水果、豆类和全谷物等食物。

3. 反式脂肪含量高的食物

反式脂肪是一种对大脑健康有害的不饱和脂肪。尤其是工业生产的反式脂肪，也被称为氢化植物油，这些人造反式脂肪存在于起酥油、人造黄油、糖霜、零食、现成蛋糕和预先包装好的饼干中。

研究发现，当人们摄入更多反式脂肪时，他们患阿尔茨海默病的风险就会增加，也会导致脑容量以及记忆和认知能力的下降。

4. 深度加工食品

你可能早就听说过深加工食品的种种不健康成因。它们往往都含有高糖、高脂肪和高盐。这些食品包括薯条、糖果、方便面、微波爆米花、商店购买的酱汁和即食食品。这些食物通常热量高，其他营养成分低，因此也是导致体重增加的原因之一。而且一项针对 243 人进行的研究发现，器官周围或内脏脂肪的增加与脑组织损伤有关。另一项对 130 人的研究发现，即使在代谢综合征的早期阶段，脑组织也有明显的减少。这些因素被认为是老年痴呆症的标志。另一项包括 18080 人的研究发现，高油炸食品和加工肉类的饮食与学习和记忆得分较低有关。关于这一点，不知道那些爱吃炸鸡的人有何想法。

此外，在另一项针对 5038 人的大规模研究中也发现了类似的结果。红肉、加工肉类、烘豆和油炸食品含量高的饮食与炎症有关，并且在 10 年内推理能力下降得更快。在动物研究中，喂食高脂肪、高糖食物 8 个月的大鼠表现出学习能力受损和大脑可塑性的负面变化。另一项研究发现，喂食高热量食物的老鼠的血脑屏障受到破坏。

血脑屏障是大脑和身体其他部位血液供应之间的一层膜。它通过阻止一些物质进入来帮助保护大脑。

所以，尽量避免加工食品，多吃新鲜、全天然的食物，如水果、蔬菜、坚果、种子、豆类、肉类和鱼类。此外，地中海式饮食已被证明可以预防认知能力下降。

5. 阿斯巴甜

阿斯巴甜是许多无糖产品中使用的人工甜味剂。人们经常在试图减肥或患有糖尿病时使用它。然而，这种广泛使用的甜味剂也与行为和认知问题有关，尽管这项研究一直存在争议。

阿斯巴甜由苯丙氨酸、甲醇和天冬氨酸组成。苯丙氨酸可以穿过血脑屏障，并可能破坏神经递质的产生。此外，阿斯巴甜是一种化学应激源，如果过量摄入，就会增加大脑对氧化应激的脆弱性的风险，一些科学家认为这些因素会对学习和情绪造成负面影响。一项研究观察了高阿斯巴甜饮食的影响，参与者在8天内每天多摄入约11毫克的阿斯巴甜，当这项研究结束时，参与者们变得易怒且伴有更高的抑郁率，其智力测试的表现也不好。

一些针对小鼠和大鼠的实验研究也支持了这些发现。一项对小鼠反复摄入阿斯巴甜味剂的研究发现，它不仅损害了小鼠的记忆力，还增加了其大脑的氧化应激反应。而长期摄入则导致了大脑抗氧化状态的失衡。

6. 酒精

常言酒多伤身，但是更进一步的损伤却是大脑脑容量的减少以及代谢变化和神经递质的紊乱，而神经递质是大脑用来交流的化学物质。因此，过量饮酒会造成记忆力丧失、视力障碍、思维混乱和不稳定早已是不争的事实。

即使只是偶尔的一次重度饮酒，也许你会称其为"狂饮"。但是，那样也会导致大脑对情感线索的解读能力变得格外的奇怪。例如，对悲伤面孔的敏感度降低，而对愤怒面孔的敏感度增加。此外，怀孕期间饮酒会对胎儿造成毁灭性的影响。因为胎儿的大脑还在发育，酒精的毒性作用可能导致发育障碍，如胎儿酒精综合征。据说，伟大而浪漫的唐代诗人李白先生的孩子们都是智障者，这想必与父亲的豪饮脱不了干系。

酒精的另一个影响是睡眠模式的紊乱。睡前大量饮酒会导致睡眠质量下降，从而导致长期睡眠不足。然而，适度饮酒也有些好处，比如能够提神醒脑、改善心脏健康等。所以每天喝一杯葡萄酒一直以来被公认是一种健康的饮用法。

再忙也要多喝水

尽管我们一再提到水对于人体的"重要"性，也一再强调身体 70% 以上都由水组成，并且身体的每一项功能都依赖于水，包括大脑和神经系统的活动。但事实上，除非遇到了停水日，否则很少有人认真对待过它。

一杯水对于大脑功能的作用有多大呢？据高级学习与发展研究所的创始人科琳·艾伦（Corinne Allen）博士说，脑细胞需要的能量是身体其他细胞的两倍，水比任何其他物质都能更有效地提供这种能量。"细胞含有水分，并被水包围。"矫形和运动医学外科医生罗纳德·纳瓦罗博士也说过，"在脱水过程中，细胞膜将变得不那么通透，这会阻碍激素与营养物质进入细胞。"水也是大脑产生激素和神经递质所必需的，它能保持神经信号稳定地向大脑传递营养，清除毒素。当大脑完全处于水合状态时，营养物质和毒素的交换将会更加有效，从而保证更好的注意力和精神警觉性，以及更好的思维和记忆过程。概括而言，水为大脑的所有功能提供能量。

你缺水了吗？

然而，成年人平均每天通过流汗、呼吸和排除废物损失就超 2000 毫升的水。而我们人均每天却喝不到 1000 毫升的水。据美国的一些民意调查估计，超过 75% 的美国人患有慢性脱水。这个数字在夏天会变得更糟，因为夏季温度高，出汗多，脱水速度也更快。

还有一点你必须要了解，即大脑没有办法自我储存水分。所以当身体失去的水分超过补充的水分时，脱水就会发生，大脑功能会随之受到影响。所以，如果每天喝水少于 2000 毫升的话，大脑其实就已经处于"脱水"状态了！

脑脱水症状

脱水会使大脑无法全速运转。脱水的一些精神症状包括脑雾、下午疲劳、注意力不集中、抑郁、愤怒、情绪不稳定、疲惫、头痛、睡眠问题、压力以及缺乏清醒和敏锐的头脑。研究表明，即使只脱水 1%，大脑的认知功能都有可能会下降

5%。如果脱水率达到 2%，你很可能会出现短期记忆模糊、注意力不集中、数学计算困难等问题。进一步的研究还表明，长时间的脱水会导致脑细胞的体积和质量缩小。这在老年人中最为常见，他们中的许多人往往会长期脱水多年。所以，脱水是痴呆症的一个已知因素。

水对脑伤的作用

艾伦博士发现，患有自闭症、阿斯伯格综合征、注意力缺陷多动障碍、头部受伤、焦虑发作和抑郁症等疾病的人通常每天几乎不喝水！缺水只会加重大脑功能障碍，使其无法清除有害物质。因为当身体脱水时，由炎症引起的排毒问题会明显加剧。

水对大脑的影响力

通过喝水就可以影响大脑，这是一种多么神奇、省钱却极有效的方式啊。只需要一杯水，你的大脑就会：

1. 拥有更好的记忆力

大脑无水不工作。所有的突触和神经元需要液体的传送才能正常工作。根据发表在《欧洲临床营养学杂志》（*European Journal of Clinical Nutrition*）上的一项研究显示，记忆力和精神表现下降的最可靠预测因素之一就是"脱水"！

2. 拥有更专注的注意力

人们通常不会注意到脱水。只有在你开始感到头晕、皮肤干燥或者口干时，你才会意识到自己需要补充水分。但是，这已然是大脑因为严重缺水而做出防御措施的一种明显的身体反应了。其实，当你开始感觉自己注意力难以集中时，就应该意识到这一点。因为当大脑开始缺水时，它为了保护自己，便开始减少能量支出，以保存好所剩不多的资源，因此它就无法再帮你维持注意力，你的记忆能力也就开始降低。

所以，你必须要养成至少每45分钟喝一些水的习惯。这个时间也是注意力持续力开始下降的时间。

3.有助于平衡情绪

水会影响人的精神健康，这一点可能你从未听说。然而，水能提高大脑温度，清除毒素和坏死细胞。当然，这并不意味着水就是一味万灵药，也并不是只要连续喝两杯水就能将所有问题都解决掉。但是，就像我们前面所说的：如果你能时时都能想着为大脑持续地补充水分，那么大脑细胞就会一直保持活跃，并自行找到一个良好的内部平衡。这样的平衡也有助于调节你的压力和焦虑。

康涅狄格大学的一项研究表明，受试者的体内水分含量即使只比理想水平低了1%～2%，尽管还没有达到感觉口渴的程度，但其情绪就已经开始变差，而且更容易感到头痛，产生疲劳感了。

4.喝水可以使人睡得更好

睡前喝一杯水确实会增加半夜起来上厕所的风险。但是，这仍然是一个很好的习惯。即使只是半杯水都可以使你获得更健康的睡眠，因为水增加了流向大脑的血液流量。这能促进大脑的氧合和水合作用，使人更容易平静下来。

5. 多喝水，能瘦身

减肥的过程对于许多人来说，几乎就是与胃展开的一场场战争。大脑在理智与食欲的夹缝间左右为难。它既想帮身体保持健康，又想满足味觉与肠胃的贪婪。因此，你一定有过在深夜盯着冰箱里的美味犹豫不决的经历。但是，你可能从没有想到饥饿与口渴会有联系。你可以试试下次想吃东西时，先喝杯水试试，它很有可能会冲淡你想吃东西的欲望。纽约大学朗格尼整形外科医院的初级保健运动医学主任丹尼斯·卡多内（Dennis Cardone）说："饭前喝水可以降低食欲。"

2016年伊利诺伊州大学一项涉及18000多名成人的研究发现，当人们日常水摄入量增加了1~3杯水时，他们的食物摄入量下降了高达205卡路里的热量。换句话说，每天多喝几杯水，一个月就能瘦1公斤——既不需要节食，也不需要去健身房！

6. 皮肤更有光泽

你是否曾经去做过水疗，比如按摩或做过面部护理，而你的美容师肯定提醒过你要多喝水。这是因为皮肤可以从水合作用中获益良多，对一些人来说，水合作用可以使皮肤看起来更年轻。"我们的皮肤是我们身体中最大的器官，它依靠水来产生新的细胞，并让我们发光。""皮肤也需要水来调节体温。然而，令人惊讶的是，你也有可能喝了太多的水——注意你过度补水的迹象。"

什么时候喝水？

当大脑在充足的水的储备下运转时，你会思考得更清晰、迅捷、专注，赋有创造力。所以，一定要在第一时间内就将水补充到位，而这个第一喝水时间是清晨！

每日清晨起床最先做的事应该是喝500毫升温开水。因为经过一整晚的睡眠，大脑虽然是在低功耗地运作着，但是它依然会消耗掉许多水分。随着时间推移，大脑在清晨时已然处于脱水状态。因此，刚一清醒就赶紧"加水"，才能使大脑拥有足够的力量开始这一天的工作。

喝水时间是在什么时候呢？

随时！在你的包里放一瓶水，并在一天的过程中随时喝一点。不用强迫自己每天喝8杯，每个身体都有不同的需求，比如活动水平、大小、体重等。只要确保自己一直水分充足就可以。当然，最理想的是，你要做到每小时都能喝一些水。这样可以帮助大脑时时充满能量和氧气。每天只做这小小的一点努力是非常值得的。

喝什么样的水？

许多人认为，喝苏打水、咖啡、牛奶或果汁也能代替水，从而获得相同水平的水合作用。这根本不是真的！

你可能没注意到苏打水中的糖通常含有 9 茶匙之多，久而久之，这会导致你的体重增加。

而咖啡呢？虽然它可以在清晨帮助你尽快清醒过来。但是 8 小时的睡眠后，身体需要的是再次补水，而咖啡则像杯脱水剂（咖啡因容易导致脱水），并不是起床后立即补水的最佳饮品。

但是，如果你厌倦了喝传统的 H_2O，就可以通过增加水的味道来让自己爱上喝水。比如带气泡的水和普通水有同样的好处，在水中添加一些鲜水果也可以让无味的水变得更好喝些。

常备几种健脑食品在包里

大脑作为身体的控制中心，它负责保持心脏跳动和肺部呼吸，指挥人移动、感觉及思考等。因此，保持大脑处于最佳工作状态绝对是必要的。除了水，我们吃进去的食物在保持大脑健康方面同样发挥着重要的作用。

吃"智能"食物。如果你想拥有一个更健康的大脑，你需要在日常饮食中学会识别什么是"智能"食物。因为你摄入身体的东西会进入血液流向大脑，就此影响你的思维和感觉。

1. 富含脂肪的鱼类

人类大脑的 60% 是由脂肪构成的。当人们谈论益智食品时，脂肪含量较高的鱼类往往是首选，比如鲑鱼、鳟鱼和沙丁鱼等。这些鱼富含omega-3（ω-3）脂肪酸，而大脑需要使用omega-3（ω-3）来构建它的神经细胞。因此，这些脂肪对学习和记忆，以及改善情绪、防止大脑衰退等方面发挥着重要的作用。并且也确实有研究发现，经常吃鱼的人大脑中的灰质更多。灰质包含大部分控制决策、记忆和情感的神经细胞。总的来说，富含脂肪的鱼类对大脑健康是一个很好的选择。

2. 咖啡

如果咖啡是你一天的亮点，你会很高兴听到它的种种益处。咖啡中的两种主要成分，即咖啡因和抗氧化剂，对大脑有益。

其中，咖啡因对大脑的积极影响，包括以下几个方面：

1. 提高警觉性：咖啡因通过阻止腺苷使你的大脑保持警觉，腺苷是一种让你昏昏欲睡的化学信使。

2. 改善心情：咖啡因还能增强一些"感觉良好"的神经递质，比如血清素。

3. 集中注意力：一项研究发现，当参与者在早上喝一大杯咖啡（前提是你已经给身体补过水了）或在一天中喝少量咖啡时，他们在需要集中注意力的任务上更有效率。

3. 蓝莓

蓝莓对健康有很多好处，大脑自然也会因此受益。蓝莓和其他深颜色的浆果含有一种具有抗炎和抗氧化作用的植物化合物——花青素。抗氧化剂可以对抗氧化应激和抑制炎症，而炎症可能导致大脑老化和神经退行性疾病。所以，蓝莓中的这些抗氧化剂在改善脑细胞之间的交流中起到了促进作用。另外，据动物研究报告说，蓝莓还有助于提高记忆力，甚至可能延缓短期记忆丧失。

4. 姜黄

姜黄最近引起了很大的轰动。这种深黄色的香料是咖喱粉的关键成分，对大脑有很多好处。姜黄素是姜黄中的活性成分，已经被证明可以穿过血脑屏障，这意味着它可以直接进入大脑并使那里的细胞受益。它是一种有效的抗氧化和抗炎化合物，对大脑有各种益处。

1. 对记忆力有益：姜黄素可能有助于改善阿尔茨海默病患者的记忆力。它也可能有助于清除淀粉样斑块，这是该疾病的一个标志。

2. 缓解抑郁：姜黄素能促进血清素和多巴胺的分泌，这两种物质都能改善情绪。一项研究发现，姜黄素在6周内改善抑郁症状的效果与抗抑郁剂相同。

3. 帮助新脑细胞生长：因为姜黄素可以促进大脑新细胞的生长，所以它能够间接延缓与年龄有关的智力衰退。即使不考虑它的益脑作用，仅仅从口感来讲，烹饪时加入一些姜黄，或者直接制成姜黄茶来饮用，也都是很美味的。

5. 西兰花

西兰花富含强大的植物化合物，包括抗氧化剂。它还含有很高的维生素 K。这种脂溶性维生素对于形成鞘脂类至关重要，鞘脂类是一种紧密堆积在脑细胞中的脂肪。一些针对老年人的研究表明，维生素 K 的适量摄入可以提高记忆力水平。另外，西兰花还含有多种化合物，具有抗炎和抗氧化作用，有助于保护大脑细胞免受损伤。

6. 南瓜子

南瓜子含有强大的抗氧化剂，可以保护身体和大脑免受自由基的伤害。它们也是镁、铁、锌和铜的极佳来源。这些营养物质对大脑健康都很重要。

1. 锌：这种元素对神经信号传导至关重要。许多神经系统疾病与缺锌有关，包括阿尔茨海默病、抑郁症和帕金森病。

2. 镁：镁对学习和记忆是必不可少的。许多神经系统疾病与低镁水平有关，包括偏头痛、抑郁症和癫痫。

3. 铜：你的大脑使用铜来帮助控制神经信号。当铜含量失衡时，神经退行性疾病的风险就会更高，比如阿尔茨海默病。

4. 铁：缺铁常表现为脑雾和脑功能受损。

这项研究主要关注这些微量营养素，而不是南瓜子本身。然而，由于南瓜子富含这些微量营养素，你可以通过在你的饮食中添加南瓜子来获得它们的好处。

7. 黑巧克力

黑巧克力和可可粉富含一些促进大脑发育的化合物，包括类黄酮、咖啡因和抗氧化剂。黄酮类化合物是一类抗氧化植物化合物。巧克力中的类黄酮聚集在大脑中负责学习和记忆的区域。研究人员说，这些化合物不仅可以增强记忆力，还有助于减缓与年龄有关的智力衰退。

8. 坚果

研究表明，吃坚果不仅可以改善心脏健康指标，在2014年的一项研究表明吃坚果还可以提高认知能力，甚至有助于预防神经退行性疾病。另一项大型研究发现，与不吃坚果的女性相比，几年来经常吃坚果的女性记忆力更强。坚果中的一些营养成分，如健康的脂肪、抗氧化剂和维生素 E（保护细胞膜免受自由基损伤，帮助减缓智力下降）是支持大脑健康的主力军。

虽然所有的坚果都对大脑都有好处，但核桃可能还有一个更突出的优势，即它们也提供 omega-3（ω-3）脂肪酸。

9. 橙子

你可以通过吃一个中等大小的橙子来获得一天所需的维生素 C。这样做对大脑健康很重要，因为维生素 C 是防止智力下降的关键因素。根据2014年的一篇综述文章可知，食用足够数量的富含维生素 C 的食物可以预防与年龄相关的精神衰退和阿尔茨海默病。

维生素 C 是一种强大的抗氧化剂，可以帮助对抗自由基，保护脑细胞。你也可以从甜椒、番石榴、猕猴桃、西红柿和草莓中获得大量的维生素 C。

10. 鸡蛋

鸡蛋富含有多种与大脑健康有关的营养物质，包括维生素 B_6、维生素 B_{12}、叶酸和胆碱。其中，维生素 B 在大脑健康中有多种作用。首先，它们可能有助于减缓老年人智力下降的进程。而维生素 B_{12} 还参与合成大脑化学物质和调节大脑中的糖水平，所以维生素 B_{12} 的缺乏除了会造成贫血之外，还容易引起精神忧郁、脊髓变形、神经和周围神经退化等问题。

叶酸缺乏症在老年痴呆症患者中很常见，研究表明叶酸补充剂可以帮助减少与年龄有关的智力下降。

胆碱是人体制造乙酰胆碱的重要微量营养素，而乙酰胆

碱是一种有助于调节情绪和记忆的神经递质。两项研究发现，高胆碱摄入量与更好的记忆力和精神功能有关。然而，很多人的饮食中胆碱含量不足。而蛋黄是这种营养物质最集中的来源之一。大多数女性每天摄入的胆碱量为 425 毫克，男性每天摄入的胆碱量为 550 毫克，仅一个蛋黄就含有 112 毫克胆碱。

11. 绿茶

和咖啡一样，绿茶中的咖啡因能增强大脑功能。事实上，它已经被发现可以提高警觉性、性能、记忆力和注意力。但是绿茶也有其他成分使其成为有益于大脑健康的饮料。其中之一是茶氨酸，这是一种氨基酸，可以穿过血脑屏障，增加神经递质 GABA 的活性，有助于减少焦虑，令人感觉更放松。

Nine
运动健脑的新主张

一定要增加多巴胺的工作量

虽然说身体内的各种激素过多或不足都会产生一系列健康问题，但是以我们现在的生活方式与运动量而言，很多激素其实是长期处于缺失状态中的。比如多巴胺与肾上腺素。由于我们缺乏运动而使得它们没有太多的分泌机会。关于它们对身体及大脑的益处，我们曾在前文中一再提起，而在此我们将不嫌啰唆地还要再次提及。

多巴胺最显著的作用是产生愉悦和欣快的感觉。它在运动、学习、记忆和其他情感方面也扮演着重要的角色。多巴胺本属于给点动力就释放的，但难就难在我们的懒惰行为上。

虽然多巴胺的水平通常在神经系统中运行得挺好，但是你不妨再多做一些事情来提高它的分泌水平。

1. 多补充蛋白质等营养素

蛋白质在多巴胺的产生中起着至关重要的作用。如果我们想使体内所需的蛋白质均衡，除了身体自行合成的一部分外，另一部分必须从食物中获取。因此，增加饮食中的蛋白质含量可以增加大脑中的多巴胺水平，这将利于深度思考和记忆力的改善。富含蛋白质的食物包括牛肉、鸡蛋、乳制品和豆类等。

另外，身体还需要多种维生素和矿物质来帮助产生多巴胺。其中，包括铁、烟酸、叶酸和维生素 B_6。

如果身体缺乏其中一种或多种营养物质，就会难以产生足够的多巴胺来满足身体的需要。

如何知道体内的这些物质是否平衡呢？很简单，体检时的血液常规检测就可以确定你是否缺乏这些营养。

2. 少吃饱和脂肪

一些动物研究发现，饱和脂肪在大量摄入时可能会破坏大脑中的多巴胺信号，如动物脂肪、黄油、全脂乳制品、棕榈油和椰子油中的饱和脂肪。不过到目前为止，这些研究只在老鼠身上进行过。研究显示，与从不饱和脂肪中摄入等量卡路里的动物相比，从饱和脂肪中摄入 50% 卡路里的老鼠大脑奖赏区域的多巴胺信号减少了。所以，少吃些肉和蛋糕之类的高脂肪食品绝对没坏处。

3. 食用益生菌

近年来，科学家发现肠道和大脑紧密相连。事实上，肠道有时被称为"第二个大脑"，因为它含有大量的神经细胞，产生许多神经递质信号分子，这其中也包括多巴胺。现在很清楚的是，生活在你肠道中的某些细菌也能产生多巴胺，这会对人们的情绪和行为产生影响。还有一些研究表明，当摄入适量的益生菌时，会对改善人们的焦虑和抑郁等情绪问题有好处。

4. 经常锻炼

运动！是的，所有健康因素都需要有运动的参与。而运动在促进分泌多巴胺方面更有着显著的效果。只需 10 分钟的有氧运动就能让情绪"亮"起来。只要运动，就可以提高大脑的多巴胺水平！这一点毋庸置疑。

不过，运动总是需要一些决心和毅力的，如果你真的无法强迫自己每天户外运动，你可以尝试着在屋子里做一个小时瑜伽。一项为期 3 个月的研究发现，每周坚持 6 天，每天做一小时瑜伽，可以显著提高多巴胺水平，这要比外出跑 30 分钟的效果还明显。

5. 得到足够的睡眠

当多巴胺在大脑中释放时，它会令你产生警觉和清醒的感觉。动物研究表明，多巴胺在早上该起床的时候大量释放，到了晚上该睡觉的时候，多巴胺水平自然会下降。然而，睡眠不足似乎会打乱这些自然节律。当人们被迫整夜不睡时，大脑中多巴胺受体的可用性会在第二天早晨显著降低。

由于多巴胺促进觉醒，降低受体的敏感度应该会让人更容易入睡，尤其是在经历了一夜的失眠之后。然而，多巴胺减少通常伴随着其他不愉快的后果，如注意力下降和协调性差。

所以，只有保持有规律、高质量的睡眠，才能使多巴胺水平平衡，也才能让你在白天拥有警觉和高效的精神头儿。

6. 听音乐

听音乐是刺激大脑释放多巴胺的一种有趣方式。通过脑成像研究发现，听音乐可以增加大脑中奖励和快乐区域的活动，这些区域富含多巴胺受体。

一项针对音乐对多巴胺影响的小型研究发现，当人们听那些让他们战栗的器乐或歌曲时，大脑多巴胺水平会增加9%。不过，即使抛下多巴胺不讲，听音乐也是一件特别令人心情愉悦的事儿，管它能产生什么呢，对不对！

7. 冥想

冥想是一种修炼，它确实可以使我们的头脑变得清晰，促使我们更加专注于自己的内心感受。只要能够坚持练习，就一定能够改善精神和身体健康。新的研究发现，这些好处可能是因为大脑中多巴胺水平的增加。

一项针对8位冥想老师的研究发现，冥想一小时与只是单纯地安静休息相比，冥想使多巴胺的分泌增加了64%。这就是前文中我们一再提到可以增加瑜伽运动的原因。

8. 获得足够的阳光

季节性情感障碍（SAD）是指人们如果没有获得足够的阳光照射时，情绪就会低落，进而感到悲伤或沮丧。因为长时间的低日照会导致包括多巴胺在内的促进情绪的神经递质水平降低。

一项针对 68 名健康成年人的研究发现，那些接受阳光照射长达 30 天以上的人，其大脑奖赏和运动区域的多巴胺受体密度最高。

虽然暴露在阳光下可能会提高多巴胺水平，改善情绪，但是它也会产生一些负面效应，即晒太阳过多也会使人上瘾！这一点对于欧美人来讲可能体会更深刻。

一项针对每周至少进行两次日光浴的人群研究发现，连续进行一年日光浴的人，其大脑中的多巴胺水平有着显著的提高，并也因此而产生了希望重复这一行为的欲望。此外，过多的阳光照射还会导致皮肤损伤，增加患皮肤癌的风险，所以晒太阳也一定要适度！

一般建议在紫外线辐射最强的高峰期（通常是上午 10 点到下午 2 点）要尽量少晒太阳。并且，当紫外线指数超过 3 时还要记得涂上防晒霜。

总的来说，均衡的饮食和生活方式都是保证多巴胺正常分泌的基础条件，这也意味着你的大脑能够时时处于最佳状态。

提高脑供血的几个常规动作

你知道，每次心跳都需要为大脑提供 20% 的血液量吗？

你知道，如果大脑血液供应不足会发生什么吗？

当然是脑缺血！是的，大脑缺血意味着脑组织中的一小部分开始死亡，其神经联系减少，记忆力开始衰退，增加了中风的风险。

你知道，如果为大脑增加血流量又会发生什么吗？

可以预防更严重的疾病，获得更高的认知功能，记忆力和注意力都会得以改善……

你知道如何为大脑提供充足的血液吗？

确实有一些很好且很容易实现的方法，不过，如果你无法改变旧有的生活习惯的话，一切都是纸上谈兵！

1. 运动

尽管所有人都知道运动对健康的重要性，但是能坚持执行下去的人……

无论如何，有氧运动是增加大脑血液量的最佳办法，它能够帮助大脑改善脑细胞和脑组织的连接状态。可选择的有氧运动非常多，以下任何一项都极其简单易行：

1. 每天步行半小时。

2. 每天跑步 15 分钟。

3. 每天骑 15 分钟自行车。

4. 每天在家做有氧运动，如跳舞。

2. 饮食

正如前文我们说过的，大脑需要消耗每次心跳所产生的20% 的血液。因此，它需要高水平的能量，而能量就来自葡萄糖、碳水化合物，当然还有一些适当的蛋白质。但是，并非所有的食物都有益于增加大脑供血量。我们推荐以下几种有代表性的食物供你参考：

1.全谷物，如藜麦、糙米、燕麦、大麦、黑麦等。

2.三文鱼、沙丁鱼、鳄梨、橄榄油、核桃和南瓜子中含有的必需脂肪酸。

3.蔓越莓、草莓和柑橘类水果。

4.西红柿、羽衣甘蓝、西兰花、菠菜、芦笋等。

5.鸡蛋。

3.拒绝吸烟、超重和压力

吸烟、压力和超重都是大脑健康的敌人！

比如烟草中含有的尼古丁进入血液会促使身体释放肾上腺素，进而呼吸与心跳加快，血压升高。当然，关于尼古丁对身体的危害众所周知。

而当压力出现时，这种感觉会刺激中枢神经系统，同样也会导致我们心动过速、血压升高，甚至使胰腺减少胰岛素的分泌，使流向大脑的血液因为血糖水平升高而过度刺激大脑，引起一系列不良反应。

而肥胖又是如何影响流向大脑的血液呢？一旦人体超过了标准体重，厚厚的脂肪会使静脉和动脉变硬，血液流动由此变慢，提供给大脑的血液量也必然受到严重影响。所以，超重会增加脑缺血的概率，中风的风险随之增加。

不过，我们完全可以通过长期的健康饮食和良好的生活习惯来避免。这样的努力是非常值得的！

4.每天做脑力锻炼

为了使大脑血液充足，你还必须锻炼大脑的认知功能，如增强记忆力、好奇心、兴趣点……所有这些都会在大脑神经元之间建立起新的联系，并且一点一点地创造出更多的组织、更多的结构，创建得越多，需要流经的血液量也就越多。因此，每天多学习一些新事物也是为增加大脑血液量做贡献！

5.积极情绪的力量

日常压力、焦虑或接受负能量的观点等，都会改变大脑的神经化学，使皮质醇和肾上腺素水平成倍增加……这些又导致了大脑血液循环的波动，如血液流量的突然减少或增加等，如果持续的时间太久，必然会造成严重后果！

因此，积极的情绪比维生素或止痛药要好得多。所以，一定要保持幽默感，以及多练习一些放松技巧，比如瑜伽等都对促进大脑血液循环有帮助！

开车时，可以做的N件健脑操

如今，我们待在汽车里的时间比以往任何时候都多，这随之而来的弊端也会相应增多，比如因为缺少运动导致的肥胖、因睡眠等问题而产生的意识模糊、情绪低落、烦躁、注意力不集中等。此外，还要经常忍受一种烦人的折磨——堵车！坐在那里看着时间以最缓慢的速度流逝，这种心理焦虑感是许多路怒症暴发的一大原因。因此，在如此超长的汽车时光中，如何让大脑和身体继续保持良好状态，就变得越来越重要了。下面有几个可以在车上进行的"大脑体操"，既简单、轻松又有趣、有效，不妨一试。

1. 呼吸新鲜空气

长途通勤或者旅行对于身体和大脑都是一种挑战。因为长时间执行单一动作，大脑会逐渐意识模糊，情绪消极。因此，为了能使其时刻保持思维敏捷、警觉且营养充足，你需要赶紧做一件最容易办到的事情——摇下车窗，多呼吸新鲜空气！深呼吸几次就能使你的大脑再次富含氧气，变得生机勃勃。

2. 开车前多说说话

在开车前大声朗读一页文字，背诵一篇文章，练习一段外语，或者与朋友探讨几个有趣的话题……无论什么形式，只要能让你的大脑语言区域运动起来，它会迅速将它的邻居们（如运动、视觉、听觉等）一一唤醒。很快，你的大脑就能变得既清醒又兴奋。

3. 培养视觉化思维和记忆能力

不要过分依赖那个发达的导航系统，关掉 GPS，重新学习如何看地图，用我们天生的方向感去寻找方向。更重要的是，这一过程还可以锻炼大脑的视觉化思维和记忆力。

开车时，花点时间留意一下沿途的餐馆标志、路牌或商业标志等。然后选定一个目标，比如前方某商店招牌看几秒钟，注意颜色、形状及字体。接着将注意力转回到面前的道路上。默念招牌上的几个字，在脑海中形成这些文字的图像，再倒读那几个字，在脑海中回忆一下整个招牌。这个稍加留意的小训练，可以扩展视野，提高视觉处理信息的速度（一个人可以在不移动头部或眼睛的情况下，一眼就能提取沿途的各种信息息与情况）。

4. 少吃糖

无聊时最容易让人感到疲劳，尤其是堵在路上的时候。于是很多人会在车里放一些含糖和碳水化合物很高的小食品。但是，当吃下去的糖分开始被消化时，你会比吃之前感觉更加乏累。

做些从不敢尝试的事

随着年龄的增长以及对周遭事物的熟悉，我们也许觉得大脑就此固化，很难再有大改变。事实上，我们在与年长者交往时，也的确发现他们在处理信息时所花费的时间更长、更慢一些，这是为什么呢？

嘀嗒的时钟是一个谎言。它看似稳步前进，不会遗漏或重组一个节拍，这似乎就是时间应有的样子。可是，大脑对于时间的感知却不以"精准"为要求，它有一套自己的时间算法。

大脑的钟摆是怎样的？

年幼的人常常嫌弃时间漫长而悠远，总希望它能过得快一些，那样就不用天天去上学了。可是，当我们年老时，却更希望时间能够走得慢一点，因为我们能够享受生活的时间越来越少。

但是，问题不在于我们的年龄，而在于我们的大脑对熟悉信息的处理速度。当大脑接收到信息时，它会先对其进行组织加工，然后以我们理解的形式呈现出来——如果接收到的是熟悉信息，它的处理速度迅疾而流畅，根本无须多考虑，此时，我们就会觉得时间过得特别快。然而，如果它接收到的是全新的信息，其处理速度就会变慢，让人感觉时间似乎被拉长了。神经学家大卫·伊格曼（David Eagleman）广泛研究了大脑对时间的感知影响后认为，我们对周遭世界越熟悉，大脑记录的信息就越少，对时间的感知就越快。"时间是有弹性的东西……当你真正打开你的大脑资源时，它就会伸展，当你说'哦，我知道了，一切都在意料之中'时，它就会收缩。"

所以，如果我们能够经常尝试新事物，时间就会变得更长，而生活更充实。

经历新事物，大脑会怎样？

伦敦大学的神经系统科学家埃莉诺·马圭尔（Eleanor Maguire）曾对伦敦的出租车和公共汽车司机进行了一项对比研究。结果发现出租车司机比公共汽车司机拥有更大的海马区后部，从事该职业的时间越长，其海马区的后部越大，其间还潜藏了更多的神经元和其他组织，这些神经元和组织正是导航能力增强的支撑。为什么呢？

因为出租车司机每天的出行路线不固定，他们必须要尽可能地熟悉一座城市的大部分区域，以便做出最好的路线选择，尽快赶往目的地。尽管现在有了 GPS，但是出租车司机们依然会在无意识中对经过的陌生区域进行规划、学习和记忆。而公共汽车司机则无须如此，他们的行驶路线固定不变到使人无聊。美国甚至还发生过一例某公交司机由于受不了长年一成不变的行驶路线，而在一天清晨突然想要开往别处去看看。于是，在那天，他驾着大巴士去历险了……

由此可知，大脑是从不断的环境变化中获得学习和改变的能力。当一个人成为某个特定领域的专家时，其大脑中处理这种技能的区域就会增长。而这一变化其实也说明了大脑内部产生的新的突触与现有突触有了新的连接方式。不仅如此，大脑还可以通过短期内的密集训练快速做出改变。

诺曼·道伊奇在他的《重塑大脑，重塑人生》一书中描述了大脑通过训练脑功能而产生的变化。其中，说到一位50多岁的中风患者，他的左臂失控，手臂和手不能协调工作。康复期间，他被安排了清理桌面的工作。一开始，这几乎是一项不可能完成的任务。但是，随着他一点点的努力，患病的胳膊慢慢记住了怎么动，努力锻炼到最后，他竟然可以用它写字了。此时，中风后死亡的那部分大脑区域的功能已经被转移到了健康区域！也就是说，大脑通过重新定位实现了对受损大脑的修复。但是，为了能够实现这一全新的连接，需要通过不断的锻炼来使大脑进行实时记录。

所以，如果你要问大脑能否长出新的神经，答案是肯定的，任何年龄段都可以！大脑是大自然赋予我们的最完美作品。

阅读，最easy的健脑操

说到保持头脑年轻和大脑健康，阅读对所有年龄段的人来说都是一项伟大的消遣。从生理学来讲，阅读能将人们患上认知障碍症的风险降低35%。斯坦福大学的学者认为，阅读因为需要多种复杂的认知功能相互协调，所以每次阅读时，特定脑区的血流量会随之增大。因此，阅读一向都被认为是最好的健脑方式。

此外，即使只是一本小说，你都能从中扩展你现有的认知范围与世界观。当然，阅读还能增加你的词汇量，增强抽象推理能力等。当我们从阅读中学习了新的概念和想法后，大脑就会自动地将其与生活中看到这些概念联系起来。例如，读了一本关于建筑的书之后，你会以不同的眼光看待建筑，而如果读了其他内容的书籍后，大脑又是如何将其应用在生活中的呢？

1.传记

传记可以给你一个全新的视角，你从传记中看到的不仅是某个人的生活事件，更重要的是你能不知不觉地学会如何思考，以及用怎样的方式去应对生活中的同类事件。

每看到一位名人的出现，人们多数都会羡慕他的现有荣耀与光环，却忽略了他其实也有恐惧、野心、希望和梦想。但是，如果当你读过他的传记后，你可能再也不会只关注他的表面光鲜了。

2.历史

研究历史其实是非常吸引人的一件事，犹如在读侦探小说一般。选择一个自己感兴趣的时代，投入其中。有些历史书籍追溯的是某个商品的发展或趋势，阅读它们会更为有趣。比如那些讲述了盐如何塑造国家，疾病如何终结帝国，自行车如何改变了世界等历史书。总之，阅读历史类书籍可以使你的大脑得到锻炼，如越来越擅长记住事件、人物、时间等细节。

3. 外国作家的作品

阅读外国作家的作品，可以让你对不同地域及不同文化有一个深刻的了解。比如迥异于你所熟悉的日常习惯、不同的人生观或宗教差异等。

4. 诗歌

诗歌是最容易被低估的一种阅读形式。诗歌通过象征、寓言和不明确的含义来挑战大脑。选一本诗集，每天选一首。花点时间读这首诗，大声读出来，让你的大脑围绕着诗人的文字、意思和意图进行思考，慢慢地你会变得说话做事都更精练、简洁。

5. 经典文学作品

任何一部作品能够成为经典，都是有其原因的。拿起狄更斯的作品，你会得到双重享受：对英国历史的洞察和人物性格的深度了解。

一开始，你可能会觉得古典文学很深奥，但读了几页之后，你就会适应这样的写作形式，并且开始不自觉地模仿那个时代的说话方式。大脑会因为要适应这种较古老的语言和较长的句子而变得更警觉。

6. 科学

科学书籍非常棒，因为很多科学内容都会讲述一个关于现象的故事。先试着选择一个领域，如天文学、物理学或化学，然后找一本可读性较强的书。只需要读一本，你就会觉得自己似乎已是一位专家，或者至少对那个领域不再陌生。

7. 工具类书籍

学习如何造一艘船，即使你不打算造一艘；看一本你可能永远不会去做的烹饪书籍；了解如何在野外生存的独家新闻，即使你更喜欢待在家里……有数百种有趣的此类书籍供你选择。只要选定一本，然后读下去，你的大脑就会因此而受到挑战，它会不自觉地想象你将如何做那个项目，以及计划它所涉及的所有步骤。万一你真的实施了这项技能呢？你岂不是会得到双倍的加分！

8. 艺术、时尚、设计

浏览这些书中的精彩图片，可以训练大脑学会用一种超脱日常生活的角度去理解不同的主题、图像，以及建筑或时尚的趋势。很快，你就会看到周围的建筑物或人们穿的衣服对你的影响。

9. 旅行

旅游书籍通常既有趣又信息量翔实。找一些你感兴趣的地方，仔细阅读。计划一次远行。计划好所有的细节——酒店、餐馆、地点。制定详细的行程和预算。你的大脑将受到日程安排、价格、文化和历史细节的挑战。

其实，无论你阅读什么，都会从中获益。正如认知神经学家戴维·刘易斯所说："书上的文字能够激发人们的创造力，从而带人们进入另一种状态。从心理角度来讲，阅读时人们的思绪会集中在文字上，进入文学世界，紧张的身体和大脑可以因此而得到放松。"

英国人曾进行过一项调查研究，他们先让受调查的对象通过一个测试来把他们的压力水平和心率提高到某个阶段，再让其参与各种活动缓解压力。结果表明，用阅读来放松身心的效果最为明显，6分钟内就能够降低压力水平68%。而其他降压方法的排名分别为听音乐能够降低61%的压力，喝茶或咖啡能够降低54%的压力，散步能够降低42%的压力。

所以，在一天结束时与其花时间看几个小时的电视或手机，不如试着拿起一本书。

偷偷变聪明的13种健脑方法

我们每个人的大脑都有机会变得更聪明，但必须要学会如何充分地利用好它的潜能。大脑和我们的肢体一样，越运动越灵活，反之，它也会变懒、变得不爱动。所以经常做一些能让大脑更聪明的事情，你会越来越有自信。

让大脑更聪明并不一定非得成为一个书虫，许多简单而有趣的技巧同样有效。只不过，你可能需要调整一下自己的生活方式和饮食习惯。

1. 脑游戏

顶级益智游戏包括国际象棋、纵横字谜、单词搜索、数学谜题等。每天和朋友们玩一会儿，在锻炼大脑的同时，能拉近彼此情感。

2.建立多样化的社会关系

与不同职业的人交往，可以让自己接触到新的想法和其他领域看待与思考事物的方式。所以，有意识地与那些有不同兴趣、职业，来自不同社会或文化环境的人交朋友。这将为你打开新的视角和想法。

3.阅读

如前文所讲，持续的阅读可以让你的大脑变得焕然一新。卡内基·梅隆大学研究过，当人们阅读时，大脑会重新建立一种连接方式，因为我们在阅读的时候会全身心地沉浸在文章所描述的经历中，就如同正在体验另一种生活，崭新的感觉让大脑必须全力去适应，因此阅读就如同大脑在做体操一样。此外，如果能够大声朗读几页，大脑获得的刺激要比默读多得多，朗读的过程是把视觉刺激反馈给听觉，并加以确认，所以建议你在需要获取信息时选择默读，在分析或记忆信息时选择朗读。

4.听音乐

听音乐也许不会让你的大脑立刻变聪明、变敏锐，但它肯定会给你的大脑空间带来刺激。如果你能学会一种乐器，或者演唱歌曲，那么这个学习的过程就能让大脑变聪明。

5.笑

如果你认真读了这本书的所有部分，那么你到现在应该已经知道"笑真的是一剂良药"。它将人们聚集在一起，引发能使身体变得更健康的生理和情感变化。当我们开怀大笑时，我们的免疫系统、不良情绪、疼痛、压力感都会随之改善。所以，没有什么比大笑与幽默感更能减轻我们的压力，激发希望，将我们与别人联系起来。它还能让我们脚踏实地，集中精力，保持警觉，帮助我们释放愤怒，更快地原谅别人。

拥有如此强大的治愈和更新能力，轻松频繁地大笑是克服问题、增进人际关系、支持身体和情感健康的巨大资源。最重要的是，这种无价药物是有趣且免费的，并易于使用。所以，每天尽量找些可以大笑一场的事与朋友分享。

6.终身学习

大脑的前额皮质区域直接影响着我们决策能力，而学习任何技能都可以提高这块区域的处理能力。因此，让大脑永远年轻的秘诀就是——保持对世界的好奇心，永不停止地学习！正如阿尔伯特·爱因斯坦所说："一旦你停止学习，你就会开始死亡。"并且，互联网也使得终身学习变得比以往任何时候都更容易、更省钱。

7. 去陌生的地方

每天生活在一个固定的区域内，大脑因为太过熟悉周围的一切，所受到的刺激将越来越少。但是，去到陌生而未知的地方时，大脑需要对周遭所有事物做出全新判断与定位。它需要调动更多的脑区域来参与，脑空间将随之变得广阔而灵活。因此，经常去些没去过的地方，可以使大脑保持新鲜的状态。即使是在下班的路上也能够做到这一点，比如尝试一条从未走过的路，即使迷路也没关系。为了找到正确的路径，你会开动脑筋，而这种满负荷运转的状态正是大脑最需要的。

8. 多睡一会儿

疲惫的大脑无法处理信息，更不用说变聪明，所以一定要睡够至少8小时。

9. 太多的科技会伤害你的脑力

神经学家桑德拉·邦德·查普曼博士认为，过多的科技正在使我们的大脑出现注意力缺陷。所以时不时摆脱一下对科技产品的依赖，重新调用我们自身的"智能"设备，比如用心记住朋友们的电话号码，心算出购物价格……这些简单的方法都可以让大脑更敏锐。

10. 慢下来

我们过着快节奏的生活，而大脑其实并没有进化到能够适合现代的这个节奏。放慢脚步，深入挖掘，时不时地休息一下。

11. 避免多任务

一次只做一件事——永远。无论你做什么，都要百分之百全力全心去做。

12. 伸展和挑战你的大脑

你可能已经明白，大脑就是需要不断地接触新事物才会越来越聪明。所以，在日常的生活中多为自己设置一些小障碍，就完全可以让大脑动起来。例如：用非惯用手去刷牙、吃饭和使用鼠标；闭着眼睛做家务；将时钟、日历等倒置或将故意将手表反着戴……刚开始确实很难适应，但这会迫使你的大脑使用新的神经通路。

13. 留住你的激情

当做你最喜欢的事情时，大脑就会变得更聪明。因为做自己喜欢的事，大脑会分泌令人兴奋的多巴胺，人的思维会因此变得更敏捷。所以，把时间花在你的爱好上吧。

"有目的的活动"，如音乐、绘画、冥想、阅读、艺术和手工艺，以及做家庭维修等，都会刺激神经系统，使大脑受益。

现在我们知道，锻炼大脑的方法其实都很简单，只需要我们稍微改变一下生活方式就可以。